Vorwort

Endlich hatten wir die restlichen Tage des Schulalltags hinter uns gebracht. Die Noten waren jetzt nur noch Randerscheinungen, das wahre Ziel, nein nicht die Versetzung, vielmehr die Ferien waren erreicht.

Mit Mutter und Vater verreisen, das kam für keinen meiner Freunde und noch viel weniger für mich in Frage. Zu den jeweiligen Urlaubsplanungen hielten wir uns geschickt raus in unseren Familien. Dass aber jeder von uns weg wollte, war klar. Ohne Zweifel. Urlaub planen, in den Urlaub fahren, ankommen, Urlaubsort besetzen, entspannen und wieder heil nach Hause kommen. Was sollte daran nicht möglich sein. Das hatten wir schon zweimal hinbekommen, jetzt erst recht. Was auf jeden Fall möglich sein sollte, war die Entspannung. Das ausgerechnet die Entspannung, besser die übertriebene Tiefenentspannung, das Planen, Fahren, Ankommen, Besetzen oder aber das Wiederkommen ins Negative beeinflussen könnte, kommt einem da nicht in den Sinn. Zumindest nicht als beinah 20 Jähriger mit einer Einstellung zu Verantwortungsbewusstsein und Moral, die grenzenlos ist. Das alleine bei diesen Überlegungen während der laufenden Schulzeit kein einziges Mal

Nahrung, Nahrungszufuhr oder das Wetter eine Rolle spielte, hätte Zweifel aufkommen lassen müssen. Dafür hatten wir in den letzten Wochen einen prall gefüllten Ordner akribisch ausgearbeitet, nein nicht mit Infos über irgendwelche Sehenswürdigkeiten, einzig und allein mit Öffnungszeiten und Informationen der Zutritts-berechtigung für Ausländer zu den herrlichsten, unwirklichsten und legendärsten Coffee Shops der Niederlande.

Prioritäten und Vorbereitung sind Alles im Leben!

I.

Urlaub

Über das Ziel waren wir uns sofort einig, Maikel, Meyer, Tom und ich, aber die Besetzung der Plätze blieb bis zum Schluss variabel. Die Finanzierung des Exkurses schien für uns auch gesichert, schließlich waren wir alle die Lieblingskinder unserer Eltern. Maikel, Meyer und Tommi sowieso, da sie keine Dinge zum Auftragen oder Spielsachen, die ja noch gut und ganz sind, bekamen, als Einzelkinder unmöglich. Ich, weil ich der Jüngste und charmanteste aller Balgen zuhause war, bin und immer sein werde.

AMSTERDAM, der Gedanke, der uns allen durchs Kleinhirn schoss und sich einbrannte, wie glühendes Hasch in Faserstoff, AMSTERDAM!!!

Schnell zu Tommi gelaufen, etwa 470 Meter Luftlinie, eine Kippenlänge, einmal um die Ecke. Zugegebenerweise schwirrte mir die 42000 durch den Kopf, die Nummer des örtlichen Funkwagens, Taxis, man kannte sich per Du und ich konnte mich darauf verlassen, auch einer reservierten Fahrt als Gegner in der Planung des Fahrtenverteilermenschen gegenüber als bevorzugter Gast vorgezogen zu werden. Ich bin mir sicher, Taxifahrer machen sich nichts aus dem Charme ihrer Klienten, deshalb denke ich eher, dass es mein für einen Heranwachsenden hoher Umsatz war, der mich adelte. Wenn ich anrief und meinen Namen nannte, erwiderte die sympathisch, vertraut klingende Stimme am anderen Ende der Strippe immer dasselbe: ,,Nikolaus-Groß, Werner-Voß , Traarer oder Uerdinger Straße?" Ich musste nur noch eine dieser vier Möglichkeiten aussuchen und verlässliche zwanzig Minuten später saß ich auf dem Beifahrerstuhl, neben meinen beiden Stammfahrern. Die Namen kannte ich nie, ich bin überzeugt selbst deren Familien könnten sich damit schwer tun, denn über drei Jahre hatte ich tagsüber den einen und jeden Tag ab abendlicher Stunde den anderen als Chauffeur neben mir. Ohne Urlaub, kein krank sein.

Und egal, wie glühend rot leuchtend meine Augen das Wageninnere erhellten, wie unglaublich schwer ich meinen von Trockenheit durchzogenen Mund aufbekam, um das Ziel zu hauchen oder wie unverständlich betrunken und verwahrlost ich die Koordinaten rauskotzte, ich kam immer schnell und wohlbehalten an, ohne eine unangenehme Frage, ohne sich über einen 30 sekündigen Aufenthalt in einem Hausflur zu wundern und wieso mein Duft danach so gar nicht nach CK ONE, sondern vielmehr nach Cannabis for Men roch. Und da sagt man: Servicewüste Deutschland.

Nachteile brachte diese unrühmliche Berühmtheit natürlich auch mit sich, ein einziges Mal. Als meine Mutter eines Tages mit der Wahrscheinlichkeit von Eins zu einer Quattrotrillarden, einmal zur Not ein Taxi brauchte, ich ihr in temporärem Verlust meiner Instinkte MEINE Nummer nannte, meine Nummer zum Glück, meine zum Zwang verkommene Sucht mich königlich chauffieren zu lassen, selbst auf den -fast- täglichen 1,2 Kilometer zum Gymnasium nicht der unbezwingbaren, hinterlistigen und fiesen Witterung des Niederrheins ausgeliefert zu sein, diese NUMMER gelangte in falsche Hände. Während mir das Alles und noch viel mehr durch den Kopf jagte, nachdem ich ihr die Nummer gab, sah ich an dem Gesichtsausdruck meiner Mutter, dass sie nur noch eine der vier Möglichkeiten hätte wählen müssen, nachdem sie sich mit ihrem Nachnamen, unserem Nachnamen, gemeldet hatte. Wie sich ein paar Momente später herausstellte, wählte meine Mutter währenddessen eine komplexe Form ihres Wutausbruchs und es prägte sich das bis heute bestehende Misstrauen ein, sobald ich irgendwo ohne eigenes Gefährt auftauche, ist ihr nicht auszureden, dass ich nicht erneut Anteile des Funkwagenunternehmens erstanden habe.

Die Zigarette auf dem Boden ausgedrückt und in den Gully geworfen, voller Elan den Garteneingang von Tom erklommen, die kleine Treppe hinter dem Haus von Toms Eltern hinuntergeschlichen, machten wir uns auf die Suche im Internet. Natürlich hätte man die Suche rein theoretisch auch bei mir machen können, aber erstens sind meine Mutter und mein Stiefvater militante Nichtraucher, aber beide haben früher geraucht. Und das ständige, lästige rausgehen macht einen selber langsam aber sicher zum Nichtraucher und man gibt mit jedem Mal Tür zuziehen die Bestätigung nach oben: ,,Ja, ich bin aussässig!" Zum Zweiten ist das so eine Sache mit dem Internet, jedenfalls damals gewesen. Es ist in der Dose und auch im angeschlossenen Kabel, jedoch liegt es im Geschick des Administrators, dieses auch zu einem laufenden Programm, einem Internet zu basteln. Und das hat mich vor über zehn Jahren definitiv überfordert, eine völlig fremde Verliererwelt ohne Aussicht auf Sonnenstrahlen. Dazu muss ich aus Selbstschutz natürlich bekannt machen, dass ich ein Waldorf Kind bin, Kindergarten und Schule. Die schulische Karriere war jetzt nicht, wie man im Volksmund so schön sagt, gradlinig, aber bis zur Mitte der vierten Klasse prägte mich diese Art der Bildung und die Prägung schlägt bis heute immer mal wieder durch. Dementsprechend war auch die Einstellung meiner Mutter zum Internet, ein blöder, überflüssiger, technischer Trend, den man nicht mitmachen müsse. Tommi war ein durch und durch staatlich geprägtes Kind, schulisch, und sein Internet lief tadellos und auf Abruf. Seine Eltern waren technikbegeistert und die Frage nach perfekt laufendem Internet stellte sich erst gar nicht. Tom warf den Apparat an und ich machte mich daran, meine überdimensionale Drehmaschine zu füllen und akkurat die Utensilien für ihre Bestimmung vorzubereiten. Quasi fing der Urlaub in der Planung so an, wie er auch verlaufen sollte und was Sinn und Zweck des Trips war: DICHTHEIT!

Eine Telefonkonferenz zu Maikel und Meyer geschaltet, die natürlich bei sich jeweils im Gegensatz zu mir zu weltweiten Informationen ebenso Zugriff hatten wie Tommi, wurde uns schnell einsichtig klar, dass Amsterdam als Unterkunftsort und Basis unrealistisch war. Lieblingskinder werden halt auch nur begrenzt geliebt. Und die Grenze war definitiv einerseits angesichts der Amsterdamer Hotelzimmer Preise im Hochsommer erreicht, mit den wahrscheinlichen Befürchtungen unserer Eltern, was wir wohl von früh bis spät mitten in Amsterdam machen würden, waren die Grenzen weit überschritten. Schnell das Umland auf virtuellen Campingplatzkarten durchforstet, stand schnell ein Campingplatz irgendwo zwischen Lelystad und Almere als Ziel der Verqualmung fest. Urlaub am Ijsselmeer. Das konnten wir auch ohne aufkommendes

Misstrauen der Geldgeber beruhigt als zivilisierten Urlaub verkaufen.

In den nächsten verbleibenden 9 Wochen stand genaues, gutes, Kiffer orientiertes Planen auf dem Programm und die Frage, wem das Privileg erteilt wurde, mitreisen zu dürfen. Die Planung und der Sinn der Reise wurde stark durch den Einfluss von unseren Lieblingsfilmen geprägt: Lammbock, Bang Boom Bang, Half Baked, Fear and Loathing in Las Vegas, Road Trip. Bis heute kann ich sowohl Lammbock als auch Bang Boom Bang synchron mitsprechen. Mit Betonung selbstverständlich. Bevorzugter Charakter: Kalle Grabowsky!

Die Teilnehmerwahl des Exkurses in das Land der Deiche und Tulpen gestaltete sich da etwas schwieriger. Ein langer Weggefährte des Graspfads war Ketter, so sein Nachname, Matthias Ketter, ein bisschen crazy, lustig, manchmal nervig schusselig und Helge Schneider Anhänger. Das kann ich von uns allen im Übrigen behaupten, der Messias unserer Jugend und bis heute unangefochten. Zuschlag, er war dabei! Es geisterten noch weitere Vorschläge umher, Lukas, Andreas, Benno, Christian. Lukas, unser eiskaltes Händchen konnte sich nicht recht mit dem Gedanken anfreunden, über 24 Stunden von der Küche seiner polnischen Mutter getrennt zu sein und entschied sich relativ schnell gegen das Abenteuer: selber Kochen oder Essen holen. Andreas, unser Kellerkind, mit geschlossenen Augen hautfarblich nicht von der weißen Raufaser hinter sich in seinem 4x6 Meter großen Kellerzimmer mit gefühlten zehn Computern und Bildschirmen zu unterscheiden, war der mediale Entzug schon beinahe zu viel in der Vorstellung und kollabierte fast, als wir fragten. Christian konnte keine Kohle auftreiben und Benno hatte leider keine Zeit.

Der Name Anna fiel. Zuschlag! Sie war ein hübsches, großes Mädchen, mindestens 1,75m und mindestens 1m davon nur Beine, rehbraune, riesige Augen und dunkles, langes Haar. Claire war mein Vorschlag, auch Toms, nur war es halt so, dass Anna schon des Öfteren mir gegenüber offenherziges Interesse signalisiert hatte. Tom trug unter uns auch mal ganz gerne den Namen „Rosa Ritter". Er neigte recht häufig dazu, auf den ersten Blick verliebt zu sein, bzw. richtiger wäre, nach dem ersten Blick zu lieben, ganz gleich ob das auf Zustimmung traf oder nicht und dies tat er mit einer solch radikalen Vehemenz, dass das arme betroffene Mädel so gut wie immer binnen kürzester Zeit das Weiteste suchte, was sie finden konnte und Tommi in den folgenden drei Wochen von uns neu aufgebaut werden musste. Diese Liebe signalisierte uns Jungs zugleich Besitzanspruch und war demnach tabu. Nur wird es dann schwer und kompliziert, wenn einer der Lucky Luke der Liebesblicke ist und alle anderen nichts als Besitzanspruchsflaggen sehen auf ihrem Ritt durch die Mädelsprärie. Ich wusste, sie will was von mir, Toms Flagge wehte heftig am Objekt und dennoch kam sie mit. Maikel und ich waren uns einig, dass wird einen Showdown aus Marienhof, GZSZ, Verbotene Liebe und Alles was zählt geben. Wahrscheinlich dramatischer!

Drei Tage vor Antritt der Reise kamen wir zusammen, um zu klären, wer welches Auto fährt, wer was mitnehmen kann, wer bei wem mitfährt, wie viel jeder im Einzelnen an Geld zur Verfügung hat, wer was in Venlo, der ersten Stadt, die direkt hinter der Grenze zu den Niederlanden liegt, einkaufen möchte, denn Venlo war unser erster Halt im gelobten Land, mit Shops, die wir kannten, man weiß, was man bekommt, zu Beginn der Reise KEINE Experimente! Außerdem wer welches Zelt mitnimmt, wer mit wem worin schläft und wie das Wetter eigentlich werden soll. Alles keine Themen, an denen Reibereien entstehen könnten, eigentlich. Als klar war, dass Tom ein eigenes Zelt benutzt, Ketter ein eigenes, Meyer eins, Anna eins und Maikel und ich zusammen in dem drei Kammern Hauszelt meines Bruders nächtigen, kam es zu der Aufteilung der Autos. Meyer wollte mit seinem Opel Kadett Kombi heizen, sein erstes eigenes Auto. Weiß, ein Caravan, übersetzt aus der Opel Sprache "Kombi", aus 1986, irgendetwas um die 70 Pferdestärken, vier Gänge, mindestens siebte Hand, etwas knusprig im Metall. Aber zuverlässig und mit ordentlich Platz für Camping Klamotten. Maikel mit seinem Audi 80, ebenfalls sein Erster, golden silberne Außenhaut, Limousine, aus 1989, auch etwas um die 70 Ponys, sehr gepflegt und in dritter Hand, Vorbesitzer war sein Stiefvater. Tom mit dem zweisitzigem Ford Transporter seines Onkels, ein kleiner Transit in dunkelblau, technisch der Frischeste, verziert mit dem Firmenlogo und sämtlichen Nummern des familiären, örtlichen Bauunternehmens.

Ich besaß einen weißen Mercedes 190er, einen echten Daimler, keinen Mercedes-Chrysler AG Auswurf, mit Automatik, elektrischem Schiebedach und aus erster Rentnerhand. Leider hatte ich es nie so mit Prüfungen und verpflichtetem Unterricht. Ich fing mit 15 Jahren an, den Moped Führerschein zu machen. Als ich 16 Jahre alt wurde, kannte ich noch immer die Fahrschulunterrichts-stunden nur aus Erzählungen meiner älteren Freunde. Ich meldete mich mit meinem zweiten Besuch in der Fahrschule direkt auf den kleinen Motorrad Führerschein um, den man ab 16 machen darf, A1, und kaufte eine Vespa PK125XL. Bedauerlicherweise schrie der unangemeldete Roller, also mein Schweinehund, wesentlich lauter als mein Ehrgeiz, den mich zum Fahren legitimierenden Führerschein zu erlangen, sodass ich mir kurzerhand, frei jeglicher Zweifel, ein fiktives Nummernschild aus Pappe bastelte, es an dem Roller anbrachte und sobald ich mir sicher war, dass keiner zu Hause etwas mitbekam, mich auf die Vespa setzte und durch Krefeld fetzte. Die Jungs erklärten mich für absolut bescheuert und konnten mein Glück nicht fassen, dass sich niemand für mein Pappschild interessierte. Nachdem ich auch noch das dann zerbrochene Scheinwerferglas mit einem Schild aus Pappe überklebte, auf dem "Licht" stand, mahnten sie mich eindringlich, das Fahren so sein zu lassen. Mit 17 hatten dann Meyer, Maikel und Lukas mittlerweile schon ihre Führerscheine, und ich durfte hier und da mal fahren. Es machte mir Spaß. Meinen 125er Führerschein hatte ich mit erst drei Stunden Theorie begonnen. Lukas wohnte nicht weit von mir und hatte einen Peugeot 206, mit einem Radio für Mini Discs. So etwas habe ich weder zuvor noch danach jemals wieder gesehen und fand es total Käse. Kein Mensch hatte ein Mini Disc Aufnahem Ding und das von Lukas war kaputt. Ich selber hatte natürlich auch nichts zum Mini Disc aufnehmen und Lukas war der Pink Floyd und der Simon&Garfunkel Typ. Ein, zwei Lieder kann ich mir auch mal anhören, ein oder zwei. Ich kann definitiv aus unzähligen Selbstversuchen der Theorie widersprechen, das man etwas, was man zuvor widerlich findet, nach x-fachem wieder anhören irgendwann gut findet oder wenigstens als neutral empfindet. Nein, es bleibt schlimm. Aber wenn man schon ohne Führerschein einen Wagen bekommt, sollte das kein Grund sein, nicht zu fahren. Wir hatten den Deal, dass ich den Wagen nehmen konnte, er von mir dafür etwas Gras bekam. Das ging fast zwei Jahre gut, bis das passierte, wovor mich jeder gewarnt hat. Bis ich an einem Tag einen Unfall mit Lukas Peugeot hatte und mir glücklicher Weise ein 86 jähriger Herr hinten drauf gefahren ist, nachdem ich das Bremsen des Vordermanns übersehen hatte und in diesen hineingefahren war. Der Herr war einzig und allein besorgt um seinen Führerschein, winkte einen zufällig vorbeifahrenden Motorrad Polizisten weiter und nahm schriftlich den gesamten Schaden aller drei Fahrzeuge auf sich. Noch vor der ersten Fahrt hatte ich Lukas Daten auswendig gelernt, sodass ich fehlerfrei seine Personalien angeben konnte. Ich war begeistert, nachdem der erste Schock gewichen war, dass ich aus dieser Nummer so glatt rausgekommen war. Unglücklicher Weise meldete sich wenig später die Versicherung bei dem Versicherungsnehmer des Peugeot, das war Lukas Mutter. Sie sagten, dass der Schaden reguliert werden würde von der gegnerischen Seite und sie eine Werkstatt für den Kostenvoranschlag aufsuchen könne. Seine Mutter war völlig erstaunt, dass Lukas nichts erzählt hatte bei der guten, polnischen Suppe zu Mittag. Sie schaute nach und sah Lukas vor dem PC, der Wagen stand allerdings nicht auf der Straße. Das ganze gelangte dann bis zu meiner Mutter, die mich ausgerechnet an diesem Tag nach dem Unfall auch mit eigenen Augen an einer roten Ampel stehend am Steuer sitzen sah. Ich machte ab dem Folgetag meinen Führerschein, zur Strafe auf eigene Kosten. Zweiter Gewinner war Familie Lukas, ein befreundeter Gutachter schrieb einen Kostenvoranschlag für den kaum ramponierten Peugeot, alles wurde ohne eine Nachfrage überwiesen und nach drei Wochen hatte Lukas abzüglich aller Kosten ein Plus von knapp 4.000€. Erster Gewinner war ich, weil ich einfach mehr Glück als Verstand hatte, wenn man im Nachhinein überlegt, was alles hätte passieren können. Deswegen blieb mein Benz oder alternativ auch Peugeot unbesetzt und ich war nur Beifahrer. Um diese Geschichte abzuschließen, nach fünf verhauenen Theorieprüfungen, nach der dritten bekommt man eine dreimonatige Prüfungssperre, bestand ich die sechste Theorieprüfung mit einem Punkt im Rahmen des Erlaubten. Dass ich die praktische Prüfung im Anschluss mit 19 Jahren fehlerfrei bestand, versteht sich von selbst, nach tausenden Kilometern privaten Fahrübungen in Lukas Peugeot.

Anna, Ketter und ich mussten aufgeteilt werden. Ketter war schnell von der Liste, Maikel brauchte einen Jointbauer für die Fahrt. Und er war der Beste für die Tour. Anna wollte zu gerne mit mir bei Meyer mitfahren, was Tommi aber etwas missfiel. Um den rosa Ritter nicht direkt auf den Gaul zu heben, entschloss ich, dass ich den Navigator für Meyer machte und Anna Tommis Fahrt mit ihrer reizenden Anwesenheit bereichern konnte.

Am Tag der Abreise waren wir alle topp motiviert, die Autos waren bis zur Oberkante voll mit Zeugs, was wir später im Kofferraum nur von links nach rechts werfen sollten, die Tanks waren voll, die Massen an Dosenbier gerecht auf die Anzahl der Insassen der jeweiligen Autos verteilt, die Lunte und das Feuer zum Starten dieser griffbereit, der Gute-Nacht-Joint des Vorabends wirkte noch nach und die Sonne war herrlich zum Urlaubsbeginn.

Sonnenbrillen auf die Nasen, der Trip konnte starten!

II.

Keep on rollin'!

Tommi und Maikel sammelten ihre Begleitpersonen ein und wir trafen uns zur Abfahrt bei mir. Meyer war besonders gut gelaunt an diesem Morgen und sorgte sofort für den ersten Schock der Reise, nicht bei allen, aber dafür speziell bei Maikel. Während Maikel noch ein paar Gerätschaften aus unserer Wohnung in seinen Wagen laden wollte, wartete Meyer in seinem Opel Blitz und gab mit aller Macht Gas, als er Maikel rauskommen sah. Mit gellend quietschenden Reifen schaffte es Meyer um Haares Breite vor Maikels Beinen stehenzubleiben, was gleichzeitig auch fast mit Maikels Herzschlag geschah. Völlig aufgelöst, kreidebleich und die erste Urlaubsboxershorts schon in Gedanken gewechselt, schloss sich Maikel bis zur Abfahrt kurze Zeit später in seinen Audi Panzer ein. Meyer konnte sich nicht einbekommen vor Lachen und hatte damit seiner Ansicht nach bewiesen, wie sicher und hochleistungssportlich sein Untersatz war. Von seinen fahrerischen Glanzleistungen ganz zu schweigen.

Meine Mutter gab uns beherzt noch ein paar wichtige Dinge mit auf den Weg, mahnte uns, dass sie als Bürge bei dem Campingplatz registriert sei und sie keinerlei Interesse hatte, schon bald negative Infos über unseren Haufen zu erhalten. Mit diesen Hinweisen, massig Gerümpel, noch mehr massig Kifferzeugs und jede Menge Tatendrang im Gepäck, setzten wir den Konvoi in Gang und fuhren in Kolonne auf die Autobahn A57, wie sich später herausstellen sollte, auf den ,,Highway to Hell".

Wie es jeder weiß, der jemals in einer geplanten Kolonne mit mindestens drei Gliedern gefahren ist, die Kolonne ist nur so gut wie sein schwächstes Glied, Maikel und sein Audi 80. Meyer und ich fuhren vorweg, an der Spitze des Gestirns, uns dicht auf den Versen der halbrosa, halbrote Ford mit Tommi und Anna, der eigentlich dunkelblau war. Die Frage, wieso halbrosa, erklärt sich ja von alleine, halbrot, weil Anna schon binnen kürzester Zeit tierisch genervt von Tommi war und ihr roter Kopf fortan nur noch aus der Seitenscheibe sah. Dahinter, also weit ab dahinter irgendwo, kam Maikel und Ketter. Die ersten 60 Kilometer stand ab dem ersten Kilometer fest, dass nach dem ersten Zwischenstopp, im gelobten Land, direkt hinter der Grenze an den ersten Coffee Shops in Venlo, an einer neuen Ordnung des Konvois gebastelt werden muss. Natürlich erst, nachdem wir uns etwas gebastelt und vernichtet hatten. Denn erst verkifft werden so Planungen doch erst richtig spannend.

Nachdem wir auf der ersten Etappe schon gefühlte 51 Minuten auf knapp 60 Kilometern vertändelt hatten und nun schon unser erstes Sechstel der Urlaubskasse in Naturalien gewechselt hatten, wurde kurz der Einkauf eines jeden bestaunt, wie gesagt ein wenig etwas verköstigt, darüber wiederrum gestaunt und die Reise ging weiter.

Neue Reihenfolge lautete, Maikel im Audi vor, Tommi im Ford dahinter und die Nachhut bildeten Meyer und ich im Opel. Maikel hielt stoisch seine 120km/h, was nun nicht mehr schlimm war, da unsere lieben Nachbarn sowieso eher einen ruhigen Gasfuß schieben und die niederländischen Autobahnen künstlich auf 120km/h begrenzt sind. Ein weiterer, deutlicher Vorteil war, dass Müller und ich nicht mehr von den stechend, genervt und stinksauer wirkenden Augen von Anna durch den Spiegel wie durch Laserstrahlen durchfahren wurden und wir uns nun darüber bespaßen konnten.

Amsterdam fest auf den Autobahnschildern im Visier, bahnten wir uns den Weg über monotone Highways und langweilige Autobahnkreuze, bis wir endlich die Aufschrift: Amsterdam, Harlem, Ijsselmeer lesen konnten und unser mittlerweile vor lauterer Bufferei in den Keller gesunkener Blutdruck wieder einen Kick verspürte, ausgelöst durch krampfende Mägen und die unbeschreibliche Vorfreude auf lecker Frikandell Special und Fritten mit Mayo und Pickelssauce. Holland, wir kommen! Holland, in Not!!!

Wir hielten eine kurze Telefonkonferenz ab und beschlossen, in dem ersten Ort, durch den wir Richtung Campingplatz gondeln mussten, Rast zu machen und auf Jagd nach frischen Pommes zu gehen.

Als weiterer Vorteil, Maikel vorweg fahren zu lassen, stellte sich die Tatsache heraus, dass Maikel, einer gebürtig niederländischen Familie entspringt und er sich sicher war, Teile dieser völlig fremden Sprache auch beherrschen zu können. Schon beim ersten Eingeborenen, an dem wir mit drei Autos stehen blieben, stellte sich der Gedanke des Vorteils auch schnell wieder ein. Der Einheimische schaute nach und nach in die drei fremden Wagen mit sechs bleichen, rotäugigen, fast Albino-artigen und vor lauter Hunger ausgezehrten, Halbstarken, riss energisch seinen braun grauen Pudel an der Leine an sich ran, machte auf der Stelle kehrt und verschwand im nächsten Augenblick, einem rüstigen Rentner kaum zuzutrauen, mit zwei großen Schritten hinter der Tür eines Einfamilienhauses. Danke Maikel, kaum da und Holland verschanzt sich vor uns! Durch diese Geschichte nicht entmutigt, sondern vielmehr durch den stechenden Hunger getrieben und angepeitscht, irrten wir weiter durch dieses 120 Seelendorf, mit offensichtlich viel zu vielen Häusern für dermaßen wenig zu sehenden Anwohnern. Die Einreise der Deutschen schien sich unfassbar schnell rumzusprechen.

Drei Orte, Örtchen, Dörfer oder besser vielleicht Dörfchen weiter fanden wir die von uns so lang ersehnte Oase, eine waschechte holländische Frittenbude. Besitzer: Chinesen. Egal! Einmal Pommes Flittes, Flikandell Special, Mayo und Pickelssauce.

Im Übrigen, für alle, die der misslichen Lage eines Bekifften im Futterrausch nicht vertraut sind:

Bist du bekifft und willst etwas, dauert es gefühlt ewig, ist man schön dicht, wie man es für immer bleiben möchte, ist es im nächsten Moment alles vorbei. Deswegen nennt man diesen Rausch auch „Fresskick", man verhält sich vergleichbar mit einem seit 3 Wochen durch die Steppe irrenden Senegalesen, der mit dem nächsten Schritt ins Hariboland fällt. Man stopft alles ohne Ausnahme in sich hinein.

Der chinesische Inhaber schien, als hätte er alle Tibeter nach Monaten langer Unterdrückung und Hungersnot erstversorgt und wirkte zufrieden, wahrscheinlich aber eher, weil wir ihm eben eine weitere Rate für seinen neuen Kia Magentis eingebracht hatten.

Unsere Reserven aufgefüllt, hatten wir neue Kraft, die unendlich scheinende Strecke von den letzten 40 Kilometern hinter uns zu bringen. Wir folgten unseren detailliert aus dem Internet ausgedruckten Wegbeschreibung und kamen schon nach kurzer Zeit an den ersten 5Sterne Hotels der Niederländer vorbei, prächtig grün angelegte Campingdomizilanlagen. Der Beschreibung nach zu urteilen, waren wir auf der korrekten Straße. Als nächstes folgte auf einer Seite ein Freizeitpark, der uns bei unserer Planung nie auffiel, uns nun aber auch nicht störte, aber auch nicht unsere Glückshormone sprießen ließ. Unser Campingplatz lag ein hundert Meter weiter, zumindest stand es so auf unserer Reservierung, die wir uns ausgedruckt und vorsichtshalber von meiner Mutter unterschrieben ließen.

Man weiß ja mittlerweile, wie das ist mit solch Internet Reservierungen und da keiner unserer Reisemannschaft auch nur einmal auf die vielleicht nicht schlechte Idee gekommen war, uns die Reservierung telefonisch bestätigen zu lassen, allen voran eventuell unser Holländer im Rudel, Maikel. Wir hatten also lediglich eine unterschriebene Wegbeschreibung dabei und ein Zettel, der uns bestätigte, dass vor 5 Wochen Plätze frei waren, am Tag der Anfrage von Toms Zimmer aus. Wenige Kilometer vor Ankunft wurden Meyer und ich mit Blick auf diese nichts aussagenden Zettel gerichtet, etwas skeptisch, wo wir landen würden.

„Wir habien voll, kene Platz mier." Als wenn man nicht von Anfang an das tiefe Gefühl verspürt hatte, irgendetwas läuft hier viel zu rund, wo ist der Haken. Er hakt! Nach einer kleinen Diskussion, bei der auch Maikels unbestechlichen Sprachkenntnisse nichts halfen, und einem kurzen Krisengespräch mit der Direktorin Frau Mutter zuhause stand fest, Improvisation muss her. Wir fuhren die Straße wieder langsam zurück, festentschlossen eine Campingmöglichkeit zu finden. Die drei zuerst angefahrenen Plätze wiesen uns ebenfalls, nett aber sofortigst, ab, ''zu voll" immer die Antwort auf unsere Anfrage, im Hintergrund Wiesen von freien Stell- und Liegeplätzen. Mittlerweile waren wir uns einig, dass wir den Urlaub samt Entspannungszigaretten hätten lieber erst später beginnen sollen, dann wären wir eventuell seriöser und vertrauenswürdiger erschienen.

Wir sortierten kurzerhand die drei aus, die am Zerstörtesten aussahen, Anna, Ketter und Meyer und fuhren den dritten Platz an. „Ja, ken Problem." hieß diesmal die unerwartete Antwort und wir freuten uns einen Ast, die nächsten Johnny's schon heimlich in der Hosentasche bauend.

Urlaub!

III.

Die Besetzung

Noch die Gegebenheiten, Regeln, Verordnungen, Hausrechte, Verbote, Untersagungen, Befehle, Infrastrukturen und das Finanzielle geklärt, rollten wir mit drei Karossen, sechs strahlenden, aber noch immer blassen Gesichtern und jeder Menge Bock auf Urlaub wie auch jeder Menge Gras, gut zwanzig Gramm pro Nase bzw. Lunge, auf den Campingplatz unserer Verzweiflung.

Völlig ungeordnet, unsystematisch, gar nicht Deutsch fanden wir unsere Exklave vor. Gar nicht wie wir Deutschen es gewohnt sind. Aber das ist Holland, wäre ich mit Haschöl statt Muttermilch in Flaschen groß geworden, wäre das eine unglaublich logistische Glanzleistung für mich. Da wir uns sicher waren, dass die andere, durchaus überschaubare Menge an Campinggästen nicht unser Hobby des Strebens nach Relaxen teilten, planten wir unser Fort Hasch am äußersten Rand, fernab der anderen, hinter einer Reihe von Birken und die Wagen als eine Art Balustrade aufgestellt. Gut, dass wir noch relativ dicht waren und damit etwas behäbig zur Tat gingen. Denn wir hatten eben erst die Autos in die richtigen Positionen rangiert und Ketter machte sich an die einzige Aufgabe, der wir uns entschlossen haben, in diesem Urlaub nachzugehen, einen Joint zu bauen, da sprang dieser völlig von Sinnen auf, schmiss alles von sich und fetzte los über die freie Rasenfläche. Wenig später war auch klar, was den Plemmi zu so viel körperlichen Ehrgeiz bewegte, wir sprangen nämlich alle wieder in die Autos oder jagten Ketter hinterher. Ein riesiges Nest mit Wespen schwebte über Maikels Wagen und war bereit, auf miese, hinterhältige und schmerzende Art und Weise, die fünf Birken zu verteidigen. Mit Erfolg! Keine fünf Minuten später gaben wir die Schlacht auf. Welch ein historischer Moment für die Niederlande. Hub Holland!

Wir zogen gut zwanzig Meter weiter, aber immer noch mit reichlich Abstand zu den anderen Campern. Die hatten sich unsere Ankunft samt Verlagerung in aller Ruhe vor ihrem Urlaubswohnzimmer angeschaut und unsere kleine Slapstick Einlage sichtlich genossen. Bitte schön, eine Werbevorstellung für deutschen Humor.

Die Zeltstangen schon zusammengesteckt und auf allen Zwölfen kriechend, viel selbstverständlich der Dame der Versammlung ungeschickter Camper auf, dass wir eine Pauschale für Strom entrichtet hatten sowie für Wasser, weder das eine noch das andere aber in der näheren

Umgebung zu finden waren. Maikel, unser Vorzeigeholländer und ich machten uns auf zur Camp Info. Zurück packten wir langsam aber sicher schon ziemlich entnervt, die zerstreuten Sachen wieder zusammen, warfen diese kurz in die Karren und disponierten erneut, zum vorerst letzten Mal, um. Wie uns der Info Typ lachend erklärt hatte, hatten wir uns vor lauter Absonderungswahn auf den an den Platz angrenzenden Vergnügungsparkparkplatz verzogen. Unser erstes Fazit der Tour: Kiffe erst, wenn du alle Koffer ausgepackt hast und du dir sicher bist, dass du da bist, wo du bleiben kannst!

Nachdem wir also den äußersten Anschluss für Wasser und Strom ausfindig gemacht hatten und die ersten Verbalattacken gegeneinander abgefeuert wurden, hatte jeder sein „Häuschen" für die nächsten zwölf Tage aufgestellt. Die Autos stellten wir wie in einer Kette hintereinander, sodass wir den übrigen Camper signalisierten. Ja, das ist die Mauer. Ja, sie gibt es noch. Die Zelte bauten wir dahinter im Halbkreis auf, Maikels und meinen Palast nach ganz außen hinter Maikels Audi 80. Links daneben Annas Zelt, daneben Meyers Zweier Kabine, dann Ketter in seinem Miniaturteilchen und direkt daran Toms Iglu. Vor unseren Zeltöffnungen stapelten wir ein paar gesammelte Steine zum Kreis auf, in dem wir Feuer machen wollten. Sehr romantisch und gegen Viecher und ähnliches wahrscheinlich eine gute

Idee, dachten wir. Nur fanden wir kein Holz, also kein Feuer, aber ein hübscher Steinkreis.

Es folgte die Einrichtung. Der Eine auf 1,70m x 0,90m, der Andere auf 2,30m x 7m. Jeder wie er kann, ich Mercedes, du per pedes. Wie die Einrichtung der Anderen aussah, kann ich gar nicht erzählen und habe ich mir nicht angeschaut, ich war jeden Tag nur damit beschäftigt, meine Unterkunft neu einzurichten, ich kam mir phasenweise vor wie Tine Wittler und hoffte nicht von anderen Campern enttarnt zu werden. Ich hatte kurz vor dem Trip bei Real in einer speziellen Camping Verkaufsecke diverse Utensilien für das ultimative Camping im Angobt gesehen. Da mein Zelt aus drei Kammern bestand und die mittlere im Prinzip leer war, suchte ich ein paar hübsche Sachen in pink aus. Eine Couch, ein Tisch und zwei Sessel. Aufblasmöbel sind der Hammer!

Das Einzige, von dem ich weiß, dass es in einem anderen Zelt war, war die Bong von Ketter. Kein Zirpen, kein Uhu, keine Eule und kein Drecksvogel hat mich so sehr genervt, wie früh morgens um 7h von einem Reißverschlussgeräusch aus dem Schlaf gerissen und dem Zünd-Zippen des Feuerzeugs und dem endlos scheinenden Blubbern der Pfeife geweckt zu werden. Was ein Junky, dachte ich mir, und fast im Einklang schrie es aus den restlichen Zelten: „Ketter, du Spast!"

Entweder man hörte wieder den Verschluss mit Murren sich verschließen oder ein weiterer Kopf ragte wie ein schlüpfender Schmetterling aus seinem Kokon, sorgte für mächtig Dampf und entschloss sich, auf später die Metamorphose zu vertagen.

Ein Zelt öffnete sich seit der Ankunft gar nicht. Anna fand irrtümlicherweise am ersten Abend den Weg in ihr Zelt nicht richtig. Vielleicht aus Angst vor dem rosa Ritter, vielleicht aus Angst vor dem finalen Angriff der Hollandwespen, vielleicht aufgrund des etwas bekifften Zustandes oder vielleicht weil sie es nicht wollte, und ich war froh eine 2 Meter breite Matratze, ohne jegliche Absicht geschweige denn Absprache, mitgenommen zu haben. Zufälle gibbet!

IV.

Die Invasion

Am zweiten Tag war dies jedoch nur meinem Mitbewohner Maikel aufgefallen. Vielleicht auch deswegen, weil wir im schlimmsten Monsun aufwachten. Mit herrlich klarem Himmel und unzähligen Sternen haben wir uns ins Zelt verzogen, mit unzähligen Regentropfen sind wir aufgewacht. Super, so sieht also Camping aus. Bis jetzt nichts, was ich vermisst hätte. Aber eine zweite, dritte oder vierte Chance hat jeder verdient. Als alle die Lage gepeilt hatten, beschlossen wir uns zunächst wieder zurückzuziehen und am Mittag neu zu Planen. Schließlich waren wir nur wenige hundert Meter von einer Art Meer entfernt, zumindest nannte es sich so. Das Ijsselmeer.

Meer bedeutet ja Wasser und in Wasser kann man für gewöhnlich Schwimmen. Auch wenn das Wetter miserabel und wünschenswert war, Alles war durch den anhaltenden Dauerregen ohnehin schon feucht wenn nicht nass, beschlossen Meyer und ich, uns in die Fluten zu stürzen. Bei dem miesen Wetter erwarteten wir ordentliche Wellen und zumindest Gelb beflaggten

Meergang. Wir packten uns jeweils eine kleine Luftmatratze unter unsere Arme, die wir auf dem Weg zum ersehnten Nass mit dem THC durchtränkten CO_2 unserer Lungen füllten. Ein wenig Wegzehrung musste schon sein, ein wenig Beständigkeit und Kultur bitte. Wir brauchten ewig und drei Tage, bis wir uns auf Spastisch-Dicht mit den holländischen Ureinwohnern verständigt hatten und endlich vor dem finalen Deich standen, der uns von unserem Tagesziel, dem brausendem Meer trennte. Wir liefen ohne Pause, ohne uns auch nur eine Sekunde von der schlagartig eintretenden Müdigkeit und Erschöpfung demotivieren zu lassen, voller Elan, den gesamten, kompletten vier Meter hohen Deich in einem Stück hoch. Und fielen fast durch blanke Ernüchterung die ganzen vier Meter wieder den Deich herunter. Es hätte uns schon stutzig machen sollen, dass wir in keinem der kleinen Touristen Lädchen in der Umgebung irgendeine Art von Luftmatratze gesehen haben, geschweige denn jemand Fremdes in Badeshorts, Bikini, noch nicht einmal Monokini. Wo sonst Türme und Burgen, ganze Zoos und ganze Horden von aufblasbaren Safaritieren ausgestellt waren, wo sonst ein widerlicher 80'er Badeschlüpper neben dem anderen in Neon Pink, Gelb oder Grün hing, gab es nur Dinge für das Landleben. Boulles, Ping Pong, Postkarten und Sonnenmilch für 57,81€, pro 0,25ml Flasche selbstverständlich. Was uns noch hätte an der traumhaften Vorstellung eines Karibikstrandes und angrenzendem türkis blauen Meer zweifeln lassen sollen, dass wir noch kein einziges Mal von unserem Zeltplatz aus das Meer, ein Rauschen, nicht einmal ein Plätschern hörten. Etwa dreihundert Meter lagen zwischen unseren Zelten und dem Tümpel.

Hinter dem Deich standen wir keine zehn Meter vom Wasser entfernt und uns war dennoch nicht aufgefallen, dass wir selbst in Spuckweite noch nichts gehört hatten. Dafür stutzen wir jetzt umso mehr. Dass die Niederländer diesen übergroßen See als Meer bezeichneten, empfanden wir als exklusiv und für den dummen Deutschen irreführend. Wie viele Meere hat dann Deutschland. Fünf, fünfzehn oder gar viel mehr. Heißt der Chiemsee in Holland Chiemmeer. Ist die Müritzer Seenplatte Waterworld. Ich weiß es nicht.

Die Wellen waren etwa dreißig Zentimeter hoch und rissen uns weder an Land und garantiert noch viel weniger im Wasser von den Füßen. Sie brachen nicht einmal richtig in dem Moment, als sie auf den Sand trafen. Sie folgten nicht einmal physikalischen Gesetzmäßigkeiten. Es fehlte ihnen schlichtweg an Meer. Flaggen, die die Brandung in Farbe grün, gelb, rot charakterisierten, ansteigend nach der Intensität, konnten wir gar nicht ausmachen, es waren auch keine anderen Schwimmer oder Rettungsschwimmer zu erahnen. Geflasht waren wir wirklich nicht, soviel stand fest. Nun hatten wir uns schließlich für uns empfundene Ewigkeiten auf den Weg zu diesem Meerchen gemacht und wollten jetzt auch nicht bloß beim Austrocknen zusehen. Wir stürzten uns in die gewaltigen, nicht vorhandenen Fluten. Nach etwa fünf Minuten waren wir wieder auf dem Weg zu den anderen.

Es war unser Sommerurlaub, die meisten von uns in der zwölften Stufe, Party. Mittags war die Situation ähnlich unentspannt und wir fingen an uns zu fragen, was dieses Jahr eigentlich gegen den alljährlichen, ja fast schon traditionellen, Belgien-Ferienhaus Urlaub in DeHaan gesprochen hat. Das Fernsehen war es nicht, die eigene Dusche ebenfalls nicht und schon gar nicht die Küche. Also was, wer hatte etwas gegen Tradition? Ich war mir sicher, ich nicht.

Um mit der Situation besser klarkommen zu können, war klar, wir bräuchten Alkohol. Da wir mittlerweile etwas an Selbstbewusstsein und Zuversicht eingebüßt hatten, beschlossen wir größere Mengen zu beschaffen. Tommi und Meyer fuhren los mit der Befürchtung, den halben Urlaub bei der Suche durch die verlassenen Weiten der Niederlande zu vergeuden. Anna nutzte die kurze Abwesenheit des Ritters und zog komplett und völlig frei von Bedenken in meine Urlaubsresidenz rüber.

Nach erstaunlich kurzer Zeit kehrten die Bengels mit ordentlich Hochprozentigem aus der Weite zurück. Wir fanden verblüffend viele Gründe, das Glas zu heben.

Nach ein paar Stunden, gefühlt natürlich ein paar Augenblicke später, die Welt liebend und das Wetter unbeachtet, torkelten Ketter und ich los, um die Umgebung zu annektieren. Besonders weit kamen wir allerdings nicht. Ganz schnell rückte ein Minigolfplatz in unseren Fokus. Wir pirschten uns durch die umliegenden Büsche und Dünen, machten die Risiken aus, die es nicht wirklich gab und hüpften ziellos auf dem eingezäunten Platz umher. Wir wussten gar nicht, was wir suchten, aber wir suchten. Und wir wurden fündig. Zu unserem Erstaunen lagen drei Minigolfschläger, zwei für Rechts- und einer für Linkshänder, und zwei Bälle neben einer Bahn. Bahn 7. Kettner und ich fühlten uns wie ein Mix aus KSK und Michel aus Lönneberger. Wir freuten uns wie Bolle, schnappten uns die Dinger samt der ausgelutschten Bälle und zogen den Rückzug an. Pah, geglückter Rückschlag gegen die Holländer!

Am Lager eingetroffen, hob der Fund schlagartig die Stimmung. Wir konnten so zwar Paulus nicht in die Knie zwingen, uns aber die verregnete Witterung wesentlich angenehmer gestalten. Wir gruben uns Löcher in den Ferienparkparkplatz aus, steckten Äste mit T-Shirts hinein und fingen an zu zocken. Nach ein paar wirklich gelungen Schlägen blieb Ketter völlig ungläubig und fasziniert stehen. Ich dachte erst seine THC Batterie wäre leer und orderte mit hektischen Handzeichen einen Joint bei Maikel.

,,Eye, ist das krass Alter! Der Boden bewegt sich!"

Ich musste lachen, hielt mich gekrümmt und schaute ebenfalls nach unten. Tatsache! Wir versuchten alle mit zugeschwollenen Augen den Boden zu fixieren, der Eine mit, der Andere ohne Erfolg. Der Boden bewegte sich. Die Sicht war zwar genauso wie unser Geisteszustand, dämmerig, diesig und vor allem unheimlich, aber der Boden bewegte sich, und das überall, wo man hinsah. Wir beugten uns alle runter und konnten unseren Augen kaum glauben, was übrigens öfter als gewöhnlich der Fall war. Um uns herum, und damit meine ich neben uns, hinter uns, vor uns und auch schon längst unter uns waren geschätzte 1.000.000.000.000.000.000 kleine Minifrösche, die aus heiterem Himmel irgendwo herkamen und anscheinend auch irgendwo hinwollten. Mein erster Gedanke war, das sind die langersehnten Verbündeten der Hollandwespen, sie geben einfach nicht auf, jetzt wird es ernst!

Wir waren absolut fasziniert und konnten gar nicht genug von dem sich bewegenden Untergrund bekommen. Das war ein Gefühl, wie total betrunken über Watte zu laufen, über eine ebene Hüpfburg zu schlendern, als wäre man schon vier Tage auf Sendung und würde, ohne sich festzuhalten, durch den fahrenden Bus laufen. Wir guckten alle gerne Discovery Channel. Wir kannten Nasenaffen, deren Nasen aussehen wie Dildos, wir kannten Lemuren, die sich beinahe die Augen aus dem Kopf quetschen, wenn die einen fixieren oder auch den australischen Leier Schwanz, der jedes nur erdenkliche Geräusch imitieren kann, eine Kettensäge, ein Klavier, das Zerdrücken einer Plastikflasche oder was auch immer. Aber das kannten wir nicht. Der Hammer!

Nach minutenlangem, extatischem auf den Boden Stieren, voller überschwänglicher Freude und Belustigung über dieses natürliche Wunder, kam einer von uns auf die glorreich, lustige Idee, ein paar Normadenfrösche einzusammeln und diese in eine große Plastikbox umzusiedeln. Anna und natürlich Tine, ich, richteten in wertvoller Kleinstarbeit diese einfache, aber doch abwechslungsreiche, komfortable und moderne aber nicht exzentrische Umgebung der neuen Camp Genossen ein. Das Blau der Kiste störte etwas das Gesamtbild, aber das konnte man leider nicht ändern. Irgendwann waren wir so hinüber, dass sich unsere Gruppe langsam auflöste. Als letztes Anna und ich.

Am nächsten Morgen waren alle Kerle schon wach und Anna schlief noch tief und fest, in meiner Koje. Und das war auch gut so, denn wir fanden den Friedhof der

Wanderfrösche vor. Ein paar waren noch vital bzw. konnten durch monotones Strampeln eines noch nicht von Krämpfen geplagten und gelähmten Beinchens hinauszögern, seinen frühzeitigen, tragischen Abgang hinzulegen. Damit war bewiesen, Frösche können ertrinken! Es hatte über Nacht noch so viel geregnet, sodass die Box gänzlich vom Feuchtbiotop zum Aquarium wechselte. Die Raumausstattung, kleine Stöcke, Erde, Blätter und kleine Steine, hatte sie zerdrückt. Aus Fürsorge hatte Anna eine ihrer Blusen zum Dach umfunktioniert, indem sie in die Box einen Stock gesteckt hatte und mit vier Heringen die Bluse spannte über die Box spannte. Die Bluse wurde zur Todesfalle, zum Totentuch, sie war so schwer, dass sie die Box im Grunde deckelte. Kein Entrinnen!

In der Folge, um einem lautstarken Nervenzusammenbruch zu vermeiden, sprangen fünf Typen in morgendlicher Frühe umher und suchten emsig neue, lebende Frösche. Mit mäßigem Erfolg. Dies hätten wir uns auch sparen können, denn kaum war Anna wach, taumelte sie auch schon geradewegs aus meinem Zelt und lief direkt gegen Toms Rücken, der bisher um die Reanimation ein paar der Amphibien bemüht war, ohne nennenswerte Erfolgserlebnisse.

Die Kulisse war zerstört, der Vorhang war gefallen, die Katze war aus dem Sack und Anna war aus dem Zelt.

Tada! Alle erstarrten in diesem Moment. Wann kommt die Lawine, wann bricht die Welle, wann öffnet sich das schwarze Loch? Nichts! Voller Erwartungen muss selbst ich zugeben, dass ich, wie wohl auch die anderen mit ihren erstaunten Gesichtern, etwas enttäuscht war und wohl eher das Fegefeuer als das erloschene Teelicht erwartet hatte. Aber gar nichts. Na klar, die Gesichtsfarbe hellte etwas auf, aber ansonsten nichts. Stattdessen frühstückten wir wie jeden Tag Ravioli, die letzten Reste Brot aus good Old Germany. Hätten ich vorher gewusst, dass sich hier, in Holland, am „Meer" keine Frittur befindet, noch nicht einmal ein Supermarkt, hätte ich anstatt der Möbel den gesamten Platz mit Lebensmitteln vollgestopft. Dafür kannten wir die exakte Entfernung zum nächsten Coffee Shop. Wir fingen an, diesen regenfreien Tag sinnvoll zu planen.

Und dann brach doch der Tsunami über uns herein. Aber nicht, wie man das von den ganzen Fernsehreportagen kennt, eine Monsterwelle und das umliegende Festland säuft über Tage ab. Vielmehr, als würde das gesamte Wasser nach dem Aufprall wie auf einem Schwamm aufgesaugt werden. Still und heimlich hatte Tom, der nun gefallene Ritter, seine sieben Sachen in den Transporter verstaut und brach bald nach dem Frühstück, mit einer kleinen Verabschiedung aller, nach

Hause auf. Ohne größere Absprache, Rücksprache, ohne Sprechen generell. Der Regen, das Wetter machte uns fertig. Es war für jeden ersichtlich, es traten die ersten Auflösungserscheinungen auf, von Regen malträtiert, von Wespen geplagt, von Dichtheit zersetzt. Wir waren noch fünf. Ohne Tommi weniger Spaß, weniger Gras und keine perfekten Inside-Outs mehr. Überhaupt keine Inside-Outs mehr, denn kein anderer konnte diese hauchdünnen Leckerbissen. Fortan plagte mich mein Gewissen, besser das Gewissen meines Schwanzes, nicht einmal das Kleinhirn eingeschaltet zu haben und bestimmt einen weiteren Faktor für die verfrühte Abreise Tommis geliefert zu haben. Sechs Augen starrten mich vorwurfsvoll an, zwei geschminkte sahen zu Boden.

Kurz darauf fing auch wieder an, auf was die ganze Zeit mehr als Verlass war, es regnete auch am dritten Tag nach der Ankunft. Auch unsere Reserven an Gras und Hasch neigten sich langsam dem Ende, denn keiner hatte damit gerechnet, 3 ½ komplett nur Kiffen zu können. Es ging gar nichts. Später am selben Tag war der Enthusiasmus, Camping aushalten zu können, schwindend gering. Maikel musste auch nicht mehr länger überlegen, für ihn stand fest, Urlaub 2004 war schön. Gewesen! Schluss!

V.

Irgendwann Amsterdam

Am vierten Tag, nach dem Frühstück, dass mittlerweile nichts mehr außer Chips, Milch und Keksen zu bieten hatte, war klar, der Urlaub endet hier mit fünf Überlebenden oder vier starten in die nächste Runde. Meyer, Anna, Ketter und ich versuchten noch mit vortrefflichen Argumenten Maikel umzustimmen, wenigstens den letzten Tag nach Amsterdam zu jetten und dort noch mal Highlife zu erleben. Aber Maikel Paikel war mittlerweile so gehörig die Lust am Campen vergangen, dass selbst die Aussicht auf das wertvollste Weed und die unglaublichsten Shops nicht seinen Entschluss, den Urlaub abzubrechen, revidieren konnte. Der Bock war futsch!

Allen überflüssigen, zum Campen nötigen, aber für einen Roadtrip unnötigen, belastenden Mist packten wir noch in Maikels Audi, dem zum neuen, tiefer gelegten Aussehen nur noch die polnischen Nummernschilder gefehlt hätten, um verdächtig zu wirken und Maikel düste gen Heimat, Sanitäranlagen und Zivilisation entgegen. Aber auch wir vier entschlossen uns, ab jetzt den Anschluss zur Gesellschaft wiederzufinden. Als Ziel stand schnell fest: Amsterdam!

Gerade noch Maikel gewunken, schmissen wir unsere Klamotten in Müllers Opel Kadett Kombi, die Zeltsachen hatten wir ja zum Glück Maikel mit auf Heimreise gegeben. Müller am Steuer, ich als Navigator, denn Ketter hatte sich auf der Hinfahrt als solcher nicht empfohlen, Ketter hinter mir und Anna hinter Meyer. So konnte es einmal mehr losgehen. Die freundlichen Campingplatzverwalter kamen zur Verabschiedung sogar aus ihrem Bauwagenkomplex, wohl wissend, von sechs Leuten volle Kohle für zwölf Übernachtungen kassiert zu haben, und aufgrund dessen wohl mit breitem Grinsen winkend. Die nächste vier Auto Raten waren gesichert. Auf dem Rückweg fanden wir noch nicht einmal mehr Örtchen und Dörfchen, sondern nur noch den direkten Weg zur Autobahn. Man wollte uns hier wohl nicht länger.

Kaum mit dem ersten Reifen des rüstigen, aber doch zuverlässigen 86er Kadetts gefahren, huschte große Hoffnung auf Verbesserung der Lage und einen schönen Teil des Urlaubs durch uns. Da konnte auch der vor Amsterdam drohende Stau nichts trüben. Stau, Schritttempo, Stopp and Go, Wurst! Unsere Antwort: Joints!

Nicht zuletzt durch unsere kolossale Anzahl an vernichteten Joints auf dem Weg ins Paradies, rafften wir gar nicht, was Meyer angesichts des stetig nahenden Staus, im angesichts des Todes, zu schreien versuchte:

„Fuck, fuck, fuck, nichts mehr!"

Ich:„ Was, was meinst Du denn?? Waaas??"

Meyer: „Nichts, ich tret durch! Fuck! Is frei???"

Ich: „ Die Bremsen?? Wie? Wir sind ganz links. Die bremsen schon. Du kannst schnell durch."

Bei meinem flüchtigst flüchtigen Blick nach hinten sah ich nur zwei nichts peilende, bleich erstarrte und versteinerte Gesichter. Ich hatte die rettende Lücke noch nicht ganz bestätigt, da riss Müller mit der linken Hand das Lenkrad nach rechts und zog gleichzeitig mit aller Entschlossenheit, aber dennoch mit Gefühl, die Handbremse nach oben. Mein linker Zeigefinger zückte aufs Warnblinksignal und wir schossen in circa 45° Grad über drei Fahrstreifen, zwischen bremsenden, hupenden und ausweichenden Autolawinen in einem zum Überleben ungünstigen Winkel der Leitplanke entgegen. Meister dieser Situation, handelte Meyer den Rüsselsheimer Panzer genau auf den schützenden Seitenstreifen. Bei 150km/h, mit plötzlichem Verlust der Bremsen auf eine Stauwand zuzuheizen lässt auch den

Puls eines Kiffers etwas pressieren. Meyer, der Orden kommt noch!

Wir kamen erst einmal ein paar Momente zu uns, bis wir zugleich alle einen kleinen Hysterie Schrei von uns ließen. Wir leben, nicht im Paradies, aber ganz knapp vor unserem, ganz persönlichen Paradies. Keine nicht-funktionierende Reservierung, kein Wespenterror, keine Froschinvasion, kein Dauerregen, kein Verhungern, keine Irrfahrt, kein Auflösen der Formation, kein Bremsenausfall konnte uns bis hierhin aufhalten. Wir sind Auserwählte. Dies ist unsere Bestimmung. Wir sind unantastbar!

Wieder vollkommen bei allen Sinnen, musste unsere Lieblingsbeschäftigung des Urlaubs, nein, nicht das Kiffen, sondern eine neue Planung her. Später führte mich mein Lebensweg zur Bundeswehr, keine 2 Jahre nach diesem Urlaub, im Prinzip auch keine Spur reifer, aber eins lernte ich am ersten Tag dort, was ich durch diesen Trip nur bestätigen konnte: Nichts ist beständiger als die Lageplanänderung!

Wir versammelten uns am Grünstreifen neben der Autobahn, wobei es mehr eine Knetfigurenversammlung war, keiner von uns war im Stande, auch nur halbwegs ohne den Gebrauch der Knie in aufrechter Position zu stehen. Die Beine wie Gummi. Man fühlte sich wie auf Fröschen, ja wir wussten ja schon, wie sich das anfühlt.

Wir legten uns auf die Böschung. Schon besser. Ketter hatte nicht vergessen, wieso er dabei war und machte sich an sein Werk. Anna war ausschließlich in der Lage zu liegen. Meyer und ich schritten zur Tat, oder besser zum Handy. Zu unserem unbeschreiblichen Glück hatte Meyer nur kurz, zwei Tage vor Beginn der Tour beim ADAC, an einem mit lediglich einem gelben Sonnenschirm und mit einem weißen Klapptisch aufgebauten Stand, an dem jeder wie paralysiert vorbeistarrt und drum herum geht, die ADAC Plus Mitgliedschaft abgeschlossen. Auslandspannen und direkt Hilfe inklu. Das rettete uns jetzt den Hintern. Meyer hatte noch die Bestätigungsquittung im Handschuhfach und wir riefen von Annas Handy an. Alle anderen konnten mit ihren leeren Prepaid Handys Hacki-Sack zocken. Nach einer kurzen Transaktion aller benötigten Daten teilte der ADAC-Mitarbeiter Meyer mit, dass er einen niederländischen Kollegen kontaktieren würde und versicherte uns, dass wir in spätestens einer halben Stunde mit Hilfe rechnen könnten. Im Stundentakt kamen sich Meyer und der ADAC-Typ näher, Anna brach, nach mehreren Stunden Flüssigkeitsentzug, THC Zufuhr und einer vor geistigem Auge explodierenden Handyrechnung allmählich zusammen, Ketter pennte mittlerweile im Schatten des Wagens, ich wusste nicht, ob mich das Amsterdam16km Hinweisschild verarschen oder mitreißen wollte und alle samt wurden wir von jedem vorbeikriechenden Gesicht einfühlsam ausgelacht. Guck mal, die Deutschen, wie süß die Aussehen, aber gut, dass die hinter der Leitplanke sind!

Knapp vier Stunden nach unserem ersten Hilfeschrei Richtung Deutschland konnten wir in der Ferne der Blechmassen einen neongelben Hoffnungsträger erahnen. Pech und Glück, war unsere nächste wertvolle Erfahrung, liegen dicht bei einander. Dicht gefiel uns, Pech nicht. Da kann ich hier nichts machen, war die Aussage des niederländischen dritte Klasse Engels in Gelb, abschleppen und Teil bestellen, lautete die Hiobsbotschaft. Wie unerwartet, unsere unausgesprochene Antwort. Während der Pannenhelfer in akrobatischer Meisterleistung den Todeswagen über die schleichende Dächer der Blechmassen hinweg auf seinen Abschlepper hiefte, schoss die nächste Schikane unaufhaltsam auf uns zu. Eine Abschleppwagenkabine fasst drei Insassen, dieser zwei, weil der Fahrer zur eigenen Unterhaltung seinen furzenden Mops mit sich fuhr. Chico. Freundlicherweise rief der Abschleppmann Ketter, Anna und mir ein Taxi.

Die gut zwanzig Kilometer bis zur Werkstatt versüßte uns der indische Taxifahrer mit orientalischem Gestank und dem Ambiente entsprechenden Sing Sang. Sehr belustigt, 55 Euro leichter und vierzig Minuten später am Tag fusionierten wir wieder mit Meyer, der ähnliche, duftende Erlebnisse wie wir sammeln durfte. Chico, du hast die Freundschaft verspielt. Meyer wartete bereits mit hochroter Melone und qualmender Nasenflügeln. Das hieß nichts Gutes.

,,Zwei Tage dauert das, bis die die Teile bekommen. Wat sollen wir denn hier?", entnervte Worte. Wir zündeten uns alle eine Fluppe auf die Info an. Annas Handy war mittlerweile gänzlich in Meyers Besitzt übergegangen und er rief seinen derzeit engsten Vertrauten an, den ADAC-Johnny. Dieser, mit der Zeit auch belustigt von unserer Situation, hörte sich unsere neue Problemlage an und bemühte sich uns damit zu beruhigen, dass er selbst bei der Werkstatt anrufen und uns dann den nächsten Schritt mitteilen würde. Wenig später zitierte uns ein Geselle der Opelfiliale rein und das Telefon offerierte uns unser weiteres Schicksal: Amsterdam!

Mit dieser Nachricht hatten wir alle nicht gerechnet, dank Meyers kurzfristiger Aktion mit der Plus-Mitgliedschaft standen allen Insassen des Wagens eine Übernachtung in einem drei Sterne Hotel zu, pro Nase maximal 60 Euro für die Nacht. Wir dachten, wir müssten uns jetzt als Krönung des Schlamassels ein enges, mit vier Hochbetten ausgestattetes Zimmer Teilen, inklusive Sammeldusche auf dem Flur für die anderen 19 Zimmer auf der Etage mit selber Ausstattung und Anzahl an Betten, mit einem Schrank für alle und einem 20x10 Zentimeter großem Waschbecken für jeweils acht Personen. Der Duft der sechzehn Füße ließ mich jetzt schon schwer atmen, sehr schwer. Wir konnten es nicht glauben und hätten Spießer Meyer die Quanten knutschen können. Wie gesagt, wir sind unantastbar!

In dem Kaff, in dem wir nun notgedrungen steckten, gab es noch nicht einmal ein Hotel, außerdem konnten wir von hier beinahe bis in unser Paradies spucken, jetzt nicht aufgegeben, wir müssen weiter. Taxi kostet zu viel, wir wollen ja noch Action. Laufen wäre gegen unsere Natur gewesen. Trampen wäre was für wen auch immer, aber nicht für uns. Durch die Geilheit auf das Erreichen der Innenstadt von Amsterdam fast des Verstandes beraubt, schlugen wir jegliche Bedenken bezüglich der Weiterfahrt mit dem Todeswagen seitens der Angestellten beiseite und Meyer dehnte noch mal die Finger seiner rechten Hand, als stünde er vor dem Showdown seines Lebens, in Kansas, im Nichts. Dabei war es unser aller Showdown, aber wie blöd hätte es ausgesehen, wenn wir uns zu viert gedehnt hätten. Guck mal, die Deutschen..!

Mit äußerst reduzierter Reisegeschwindigkeit gingen wir die letzten Kilometer an. 80km/h auf der Bahn, 30

Stuckies in der Stadt. Es ist erstaunlich, wie geschickt man nach kurzer Gewöhnung an die Handbremse auf diese Weise vorankommt, und die Polente nickt einem auch noch zu.

So hatten wir uns es nicht vorgestellt, Amsterdam. Unser Amsterdam. Unser Ziel des Wahnsinns. Wir hatten ein Bild vor Augen, ähnlich der Bilder von Peking, die man kennt. Natürlich nicht so verbaut, nicht mit grauen, häßlichen Hochhäusern, überall Beton. Aber mit grauen, schönen Häusern. Die Häuser selbst in Backstein, so wie wir es überall in den Niederlanden, links und rechts des Höllenpfads, gesehen hatten. Wir nahmen an, die Häuser wären vom Cannabis Smog der dauerhaft dampfenden Metropole in ein feines, wohl duftendes rauchgrau gehüllt, elegant und zart.

Zuerst rochen wir noch nicht einmal etwas. Wir schauten uns an. Ich befürchtete, dass wir zum falschen Amsterdam gefahren waren. Meine Theorie, die mir natürlich einleuchtete, war, dass so wie es ein Amerika in den Niederlanden gibt, die Holländer auch ein zweites Amsterdam irgendwo ausgebuddelt und trocken gelegt haben. Es konnte fast nur so sein. Wie anders ließe sich sonst erklären, dass der erste Geruch, der uns in die Nase und die Nüstern hochkroch, Fritteuse war.

Ein wohl bekannter Duft der Nahrungsaufnahmestelle, die uns zuvor schon lebenserhaltend durch zwei Urlaube geschleppt hatte. Meyer, Tommi, Maikel und mich. Dies verhielt sich ähnlich wie mit den Aktienanteilen, die ich quasi durch mehrmals tägliches Bestellen des Funkwagens an diesem Unternehmen erstanden hatte. Wir gingen nicht am ersten Tag, nein nicht einmal beim ersten Hunger erst zur Frittur. Es war und ist bis heute beinahe ein dämonischer Zwang. Wir kommen in den Ort, den wir in den nächsten Tages unseres Urlaubs mit unserer Anwesenheit besser und attraktiver machen wollen, und das erste, noch bevor wir den Schlüssel für unser Feriendomizil abholen, bevor wir irgendetwas ausräumen aus dem Wagen, noch bevor wir uns orientieren, das Meer erblickt haben, ob wir hungrig sind oder nicht, wir stürmen die nächstbeste Frittur und fallen über die überall gleichaussehende Auslage des schockierten und mit viel Konzentration mitschreibenden Pommesbäckers her. Die germanische Abstammung ist dann nicht mehr zu verbergen, wir machen keine Gefangenen in Form von Mitnahmen in Food Bags und vernichten Alles, was aufgestellt wird.

Die Bestellung läuft ebenso wenig zivilisiert ab. Abgesehen davon, dass wir die Auslage beinahe leer und kahl gefegt hinterließen, prüften wir den armen Pommeskünstler auf seine innere Mitte, seine

Willenskraft Geld an uns verdienen zu wollen und nicht zuletzt seine Sprachkenntnisse.

Meyer ist immer der Deutsche. Mittelgroß, rothaarig und braunäugig. Natürlich nicht der exemplarische Deutsche, wie es unsere Großeltern gelernt haben, rein optisch meine ich. Er bestellt aber auch nur auf Deutsch, früher wie heute. Wahrscheinlich aus dem einfachen Grund, aus dem es auch Millionen anderer Deutsche tun. In Frankreich, Polen, Dänemark, Tschechien, Luxemburg, Belgien, Thailand, Spanien, brasilianischer Regenwald oder afrikanische Steppe. Ich Deutsch, Urlaub Deutsch, Land fremd: also Deutsch! Wofür integrieren, wer zahlt hat Recht, wenn der Deutsche zahlt, hat er sowieso immer Recht.

Tommi machte immer einen auf Backpacker. Global, alles eins, Englisch. Da bekanntermaßen Niederländisch eine gute Portion Englisch enthält und jeder in Holland, auch wenn nur ein Gramm Englisch sprechen kann, um in holländischer Maßeinheit für Alles zu bleiben, war das in der Regel kein Problem. Man verstand ihn und Tommi hielt die Meute nicht weiter auf.

Maikel packt den Doppelpass Inhaber aus. Auch völlig egal ob Holland, Belgien, Spanien oder Polen, die Niederlande war Kolonialmacht, fertig. Besonders in Holland setzt er auf Heimatverbundenheit. Vielleicht in der Annahme, dann die extra leckeren Pommes zu bekommen, die extra tolle Mayo oder einen Tropfen mehr Pils im Glas. Ich weiß es nicht. Seine Bestellungen jedenfalls enden fast immer mit seinen Zeigefinger Abdrücken an der Scheibe, die uns Gierige von den zur Schau gestellten Leckereien trennte. Hätte man da schon etwas von den ausgiebigen Ausspähungen der NSA gewusst, ich glaube, er wäre öfter hungrig geblieben und hätte keine Infos zu seiner Person hinterlassen.

Ich trat mondän auf. Ein Typ von Welt, gereist, belesen, mit 19. Im Nachhinein etwas peinlich. Denn ich bestellte stets auf Französisch, Mesdames et Messieurs. In De Haan, dem Ort, wo wir unsere ersten selbstständigen Urlaube verbrachten und ich seit meinem 8.Lebensjahr hinfuhr, in Belgien, kein Problem. In den Niederlanden, keine Pommes.

Zum Schluss fasste Meyer immer die komplette Bestellung nochmals zusammen, auf Deutsch, mit ketchup-roter Gesichtsfärbung, genervt und leidig, noch immer keine Kartoffel Stäbchen mit Accessoires in der Fritteuse brutzeln zu sehen. En fin hatte jeder das zuvor geglaubt Bestellte, zumindest wurden wir immer satt.

Dann endlich, als wir uns entschlossen, nach der ersten Fritteuse in Amsterdam noch ein paar Meter an der kleinen Gracht entlang zu laufen, konnten wir es riechen. Wir zuckten vor Verzückung. Wir blieben vor Freude starr stehen und rochen. Wir inhalierten. Auf einem winzigen Kahn, modrig grün und an einem kleinen Steg befestigt, lag ein Mann mit gräulichen Haaren, genoss augenscheinlich die Sonne und seine Sportzigarette. Jetzt waren wir uns sicher, es war Amsterdam!

Wir mussten in den Rotlichtbezirk, an den Nabel des Gras, in die direkte Nachbarschaft des Garten Eden. Wir liefen zurück zum Opel und fuhren los, Ziel: Zentrum. Direkt an der ersten Gracht, die das Rotlichtviertel abgrenzte, sah Anna ein Hotel, drei Sterne, die Nacht für 59 Euro pro Person und einen freien Parkplatz, direkt vor dem Entrée. Glück muss man haben, manchmal auch am Stück!

VI.

Gelobtes Land, geliebte Stadt

Es war schon später Nachmittag und das Rezeptionspersonal des Hotel „Nes" hatte offensichtlich nicht mehr mit vier Kiffer Touristen aus Deutschland im jüngst möglichen Alter gerechnet. Wir auch nicht. Was für ein Tag, was für vier Tage. Wir brauchten Urlaub!

Das Hotel war wesentlich besser als was es von außen aussah und von seinen Sternen vermuten ließ. Es hatte einen großen Empfangsbereich, mit einer geräumigen Leseecke, einem imposanten Aufgang und einer hübsch anzuschauenden Rezeption, mit einem kahlköpfigen, für den Tresen viel zu klein wirkenden, leicht untersetzten Angestellten. Aber sehr nett war er. Eben, in einer massiv abgespeckten Version, unsere Himmelfahrt geschildert, bot er uns zwei Doppelzimmer an, eines im Souterrain des Hauses, eines im Obergeschoss des Nachbargebäudes, dass zum Hotel gehörte, aber einen separaten, von Haupteingang nicht einsehbaren Eingang direkt um die Ecke hatte. Anna und mein Zimmer war die Nr.12, Nachbargebäude, Meyer und Ketter bekamen Zimmer Nr.7 zugeteilt. Der Rezeptionist sendete die

Rechnung an die Fax-Nummer des ADAC-Menschen und innerhalb weniger Minuten stand uns zum Erhalt der Zimmerschlüssel nichts mehr im Weg. Ohne den ADAC wären wir wie rumänische Bärenkinder auf der Straße binnen kürzester Zeit verwahrlost. Danke lieber ADAC!

Wir nahmen als wichtigste Utensilien unsere Badeartikel mit, wir hatten endlich wieder eigene sanitäre Anlagen. Ansonsten schnappte sich jeder, was er brauchte aus dem Kofferraum und wir verbarrikadierten uns in den Zimmern.

Wir kamen durch den Nebeneingang, über einen langen Weg von Treppen in der dritten Etage schließlich vor unsere Zimmertür. Das Zimmer, besser die Juniorsuite, war sehr hell, weiß und schlicht gestrichen, durchzogen von roten, abendlichen Sonnenstrahlen und mit einem großen, einfachen Doppelbett und kleinen, aber an der Zahl vielen, alten Mehrspeichenfenstern eingerichtet und gebaut. Gemütlich und schön. Das Highlight jedoch war das, was ich als nächstes entdeckte. Beim besten Willen konnten wir uns nicht vorstellen, dass diese Räumlichkeiten nur so wenig pro Nase kosten sollten, im Hochsommer, Hauptsaison, beste Lage, mehr als 3 Sterne, aber so wurde es abgerechnet. Wir nahmen es grinsend und wohlwollend hin. Durch ein Fenster unseres Zimmers konnte man mit einem minimalen Sprung von der Länge einer Männerschuhgröße 45 auf eine etwa 60cm² große, mit Holz ausgelegte Eckdachterrasse springen. Nur von Nr.12, nur durch dieses Fenster. Diese Aussicht toppte noch das Hotel an sich und die Tatsache, dass wir morgens noch im Morast und Schlamm schliefen, umgeben von plärrenden, glitschigen und Nerven tötenden Fröschen und angriffslustigen Killerviechern und jetzt an der Quelle des Wahnsinns saßen. An unserer Terrasse kreuzten sich zwei Grachten, gegenüber stand ein chic aus altem Steinwerk und Glas gefertigtes vier Sterne Hotel und zur rechten Hand begann unser Garten Eden. Das Rotlichtviertel Amsterdams. Wir waren das Königspaar von Amsterdam. König und Königin Antje aus Deutschland!

Anna und ich bauten uns eine Sportzigarette und saßen uns auf die kleine Mauer der Terrasse. Wir konnten es noch nicht ganz fassen. Voller Begeisterung riefen wir Maikel an und teilten ihm unser unglaubliches Glück mit, überlebt zu haben und untergekommen zu sein. Maikel wunderte gar nichts mehr und gab uns eine kleine dezente Einkaufsliste durch. Er hatte auch, wie abgesprochen, alle informiert, dass wir den Urlaub offiziell beendet hatten und richtete uns noch die Grüße unserer Eltern aus, mit dem nebensächlichen Hinweis, dass die Meinung unserer Eltern war, Amsterdam sei nichts für vier Halbstarke. Papelapap! Eine Nacht, was kann da passieren. Mit meinen 1,90m und 100 Kilo kam mir seit längerem keiner mehr schief. Maikel ärgerte sich noch etwas am anderen Ende der Leitung, dass er nicht mit von der Partie war, bevor wir schließlich auflegten. Natürlich wurden wir nochmals an die Liste erinnert.

Freundlich und zuvorkommend rief uns auf Nr.12 schon nach kurzer Entspannung und langer Duschzeremonie der Rezeptionist an. Er wollte uns nur darauf hinweisen, dass der Parkplatz gebührenpflichtig sei, auf dem wir unser Vehikel stehen ließen und dass ab sieben Uhr morgens das Teil, das neben dem Vorderreifen stehe, nach Fütterung mit Penunsen schreien würde. Außerdem seien unsere Zimmer bis zehn Uhr zu räumen. Da wir alle keinen Bock mehr hatten, das Wageninnere an diesem Tag noch einmal freiwillig zu sehen, stellte ich schon mal den Wecker auf viertel vor sieben und wir fingen an zu überlegen, was wir alles sehen und erleben wollen würden. Wir sammelten uns frisch geputzt auf unserem Zimmer Nr.12, und die Jungs bestaunten die Terrasse. Green House, Rockery, Mr. Tom, Nobody's Place waren unsere Favoriten. Die Tour ging los, unser Garten Eden wartete schon sehnsüchtigst. Wie wir!

Kaum aus dem schützenden Gemäuer des Hotels rausgestolpert lief ich auch schon fast direkt in den ersten Transvestit. Ja, wir waren endlich in einer anderen Welt. Keine Welt, in der jemand auf dein Äußeres achtet, wie viel Schmuck du an hast oder wie sehr deine Schuhe nach Leder riechen, eine Welt ohne Vorurteile, ohne Grenzen, ohne Äußerlichkeiten, eine Welt in der du nur an deinem Maß an Dichtheit gemessen wirst. Wir schlenderten eine Gracht entlang und der süßlich verführerische Duft von Gras folgte uns allen. Unser erster Shop war Mr. Tom. Klein, einfach, unauffällig, aber brechend voll und vor lauter Qualm nicht einzusehen. Vor der Tür, nur durch eine kleine Straße getrennt, direkt an einer Gracht standen Stühle und Tische des Shops und Ketter und Anna belegten die letzten vier Plätze, während Meyer und ich Ware erbeuten gingen. Amsterdam ist der einzige Ort in den Niederlanden, wo das Buffen auf offener Straße legitim ist. Das heißt, man darf nicht mit dem Jollek in den Griffeln herumspazieren und sich auf den nächsten Spielplatz chillen, aber vor den Shops, die Bestuhlung außen haben, darf man frei und seelenruhig konsumieren. Wir betraten den Shop und fühlten uns wie Alice im Wunderland, wie ein Kleinkind in Willy Wonkas Schokoladen Fabrik, wie eine Bulldogge im Lager von Fressnapf. Unsere Augen schnellten von links nach rechts, von oben nach unten und wieder genauso schnell zurück. In jeder noch so kleinsten Nische waren Auslagen drapiert, in leuchtend grün, weiß schimmernd oder von orange farbenden Fäden durchzogen, mit klangvollen Namen, Bezeichnungen und Codes. Early Pearl, Early Girl, Durban, Jamaican Pearl, Kali Haze, Kazaam, White Haze, White Label Jack Herer, Amnesia White, Amnesia Haze, Mother's Finest, Big Bud, Silver Haze, Yellow Haze, Black Domina, davon gab es im Rotlichtviertel lebhaft mehr als genug, Hash Plant, Marley's Collie, Jack Flash, Ed Rosenthal Super Bud, Northern Lights, Jack Herer, Mr. Nice G13X Hash Plant, Four-Way, Maple Leaf Indica, White Label, First Lady, Cali Orange Bud, Icelator, California Indica, Hollands Hope, Shiva Shanti, Hindu Kush, Orange Bud, Yellow Bud, Sensistar, Suddendeath, Early Skunk, Shiva Shanti II, Purple Bud, White Skunk, Skunk #1, Super Skunk, Sensi Skunk, Afghan Kush, Guerrilla's Gusto, Ruderalis Indica, Double Gum, Skunk Kush, Pure Power, AK47, Bubble Gum, X Haze, Shiva Skunk, Silver Haze #9, White Ice, Purple Haze, White Widow, Jack Flash #5, White Gold, Northern Lights #5X Haze, Snow Ryder, Mexican Sativa, Chocolocco, ZeroZero. Alle aufgeteilt in Cannabis Sativa und Cannabis Indica.

ZeroZero kannte ich bereits als das beste marokkanische Hasch, Peace, das es zu kaufen gab in den niederländischen Shops. In Venlo hatten wir es mal gekauft. Wenn Ketama oder schwarzer Afghane das Hansa Pils oder das Faxe der Hasch Sorten waren, so war ZeroZero quasi ein Premium Pils aus Cannabis, ein wirklich inensives und dennoch gut verdauliches Zeug. Da ich aber sehr wenig Interesse an Bongs oder kleinen Pfeifen habe und das Joint drehen mit Hasch mehr umständlich als spaßig ist, sah ich über die Hasch Sorten hinweg. Dann gab es noch Besonderheiten, Kuriositäten, die ich danach nie wieder vor meine Augen oder zwischen meinen Fingern hatte: Skunk #1 Automatic, Northern Lights Automatic, White Widow Automatic, Super Skunk Automatic, White Haze Automatic oder White Diesel Haze. Abgefahren! Diesel war noch nie mein Fall, zu wenig Drehzahl, zu viel Rumgerühre mit dem Schaltknüppel. Auch das Weed wollte ich nicht probieren. Die Klassiker Orange Bud, Yellow Bud, White Widow waren uns gut bekannt. Hübsche, volle, farbige Knospen. Orange, gelb oder weiß schimmernd, schöner Kurs, verträgliche Dichte im Abgang. Orange Bud und Yellow Bud eher leicht fruchtig. White Widow ist wahrscheinlich das auf der Straße am meisten verkaufte Zeug. Jedenfalls erzählt es einem fast jeder Dealer, egal in welcher Stadt in Deutschland, egal welcher Nationalität du oder der Dealer ist. 99% aller durchsichtigen Tütchenfüllung sind laut Verkäufer White Widow, wahrscheinlicher ist es aber irgendeine im Hinterhof selbst zusammen gekippte Hanfpflanzen Erzeugnis Pansche. Mit Amnesia als Haze hatten wir auch schon unsere Erfahrungen gemacht. Und wie. Ein wirklich starkes Haze, wenn es echtes Amnesia ist, haut es dich aus den Socken und macht dich für eine lange Zeit sehr breit. Du bist länger nicht großartig ansprechbar. Silver Haze im Vergleich ist smoothiger, kommt nicht so vehement und brachial daher, es kündigt sich eher vertraut an und macht dich kontrollierbar breit, aber gut breit. Suddendeath war, so wie es festgestellt haben durch regelmäßige Shopping Touren ins Heimat nahe Venlo, selten das gleiche wie zuletzt erstanden. Es schmeckte je nach Shop verschieden und die Wirkung war auch sehr unterschiedlich. Chocolocco und Double Gum sind Fun Sorten. Die schmecken eigen, irgendwie leicht krautig, aber auch leicht fruchtug, machen ordentlich Dampf und machen schön gechillt, aber nicht zu viel. Big Bud hat keinen besonderen, charismatischen Geschmack oder Wirkung. Wir kannten es nur in fünf Gramm Portionen, weil die Knospen, wie es der Name schon verrät, wirklich üppig und groß sind. Shanti Shiva hatten wir ebenso bereits schon probiert, aber es war nicht mein Ding. Ich hatte oft binnen kürzester Zeit Kopfschmerzen und klinkte mich aus, Meyer fand es gut und Tommi fand es noch besser. AK47 mochten wir alle gerne. Ein verläßliches Gras, ausgewogen, eine gute Dichtheit und ein angenehmer, nicht zu aufdringlicher Geschmack. Northern Lights, sehr breit machend und gut aufgehend beim Bauen, mochte Maikel gerne, der seit Beginn mit jedem Joint Zug scheinbar höllische Qualen durchlebt und fast bis zur Bewusstlosigkeit abhustet. Leute, die ihn so das erste Mal sahen, hatten immer das Bedürfnis, sich in der Runde nach seinem Wohlbefinden zu erkundigen, es sah wüst und wie ein sterbendes Frettchen aus. Icelator war das mit Abstand teuerste Hanf Produkt, dass wir uns in Venlo gegönnt hatten und das es auch hier zu kaufen gab. 180€ für fünf Gramm. Irrsinnig teuer, wenn man noch von Nebenjobs und Taschengeld shoppen geht. Skuff, der von der gefrorenen Knospe abgeschüttelt wird. Sehr starke Wirkung, sehr sanfter Geschmack, nicht sehr ergiebig und richtig teuer. Die anderen waren uns neu. Meyer und ich mussten uns kurz sammeln, diesen unglaublich großen Informationsfluss verarbeiten, darauf waren wir nicht vorbereitet, eine Fluppe qualmen, tief durchatmen, konzentrieren auf das Wesentliche und stellten uns an.

Kurz angestanden, den Ausweis vorgezeigt und sorgfältig ausgewählt, machten wir draußen die Gruppe wieder komplett. Wir erstanden 2,2 Gramm Kazaam, für 35 Euro. Zwei Fertiggedrehte und noch mal 4 Gramm White Widdow, man investiert lieber in das, was man kennt, als Experimente durchzuführen. Wir zündelten erst die Fertiggedrehten, um uns hier einzufinden. Tamporin Geplimper und Männerlaute nahmen wir wahr. Um die Ecke kam eine kleine Gruppe hochgewachsener, durchtrainierter und in weiß gekleideter junger Männer. Bevor wir uns klar waren, was diese wohl machten, sahen wir es auch schon. Genau zwischen Shop und uns, auf der kleinen Straße, fingen diese an irgendetwas zu singen und einer nach dem anderen begann, rhythmisch mit Armen und Beinen zu der Tamporin Melodie zu kreisen. Capuerra! Wir waren völlig begeistert, so was kannten wir bisher nur vom Sender Phoenix, aus Doku Filmen über die Favellas Sao Paolos. Wie in eine andere Welt versetzt, sahen wir uns dieses Schauspiel interessiert an und die Menge um uns herum war ebenso begeistert. Etwa zehn Minuten und einen vollen Sammelbeutel später zogen die Jungs weiter und wir waren uns einig, dass dieses Erlebnis alleine unsere Weiterfahrt nach Amsterdam rechtfertigte.

Kazaam war dran. Mit ordentlichem Respekt vor der Materie bastelten Meyer und Ketter die nächste Entspannung zusammen. Man man man, so etwas hatten wir noch nicht erlebt. Nachdem der erste mit Kazaam gefüllte Joint vernichtet war und sein Rauch noch in unseren Lungen kitzelte, musste ich aufs stille Örtchen. Wäre ich zur Erleichterung auch sehr gerne gegangen, aber es bewegte sich nichts. Ich konnte meine Beine nicht spüren, also ich konnte sie anfassen, ich sah, dass sie an mir waren, aber ich konnte keine Kontrolle spüren. Ich bewegte mich genau gar nicht. Unter lautem Lachen sahen das auch die drei anderen, nur ging es ihnen ähnlich. Ketter konnte seine Arme nicht mehr bewegen, er wollte sein Getränk nehmen, bewegte sich aber nicht. Er sah mit aufgerissenen Augen in die Runde, man sah, wie sein Kopf vor Bemühen rot wurde. Aber nichts bewegte sich, nicht seine Arme, nicht seine Hände. Anna spürte ihren Hintern nicht mehr, sie saß irgendwie verschoben auf dem Stuhl, der Hintern links, der Oberkörper, rechts und ihr Kopf bewegte sich hektisch zu beiden Seiten und sie sah leicht panisch an sich herunter. Meyer sah aus, als hätte er sämtliche seiner Sinne verschachert. Seine Augen waren komplett glasig, die Pupillen feuerrot und sein Blick richtig dicht. Wir mussten Tränen lachen, mit leichter Panik in unseren Gesichtern. Ich versuchte es auch nochmals, aber ich landete um ein Haar in der braun-grün brühigen Gracht. Wir ließen uns erst einmal vier Kekemel rausbringen und schnullerten genüsslich Kakao. Wir brauchten Zucker.

Währenddessen kamen Polizisten hoch auf ihren Pferden die kleine Straße hinuntergeritten und wir konnten beobachten, wie im Nu sechs auf den kleinen Brücken der Grachten postierten nordafrikanischen Einwanderer in alle noch freien Himmelsrichtungen abschwirrten. Auf unserer Höhe nickten uns die drei Polizisten zu und fragten uns nach weiß gekleideten Brasilianern. Wir schüttelten nur den Kopf, als wüssten wir nicht, was oder wer gemeint war und die drei zogen weiter auf ihren 4,5m Stockmaß Pferden.

Der Zucker des Kakaos wirkte und wir erlangten alle motorischen Fähigkeiten allmählig zurück. Die Sonne war nun auch schon beinahe ganz versunken und der himmlische Garten wechselte langsam seine Farbe von sonnenrot in Neon blinkend rot. Wir hatten Hunger und hätten wahrscheinlich kaum Mühe gehabt, zusammen eine ganze Kuh zu verdrücken. Wir liefen weiter und suchten etwas Essbares. Das erste Lokal, das uns schöne Augen machte, war eine typisch niederländische Trattoria, betrieben von Griechen. 12,50€ eine Margherita, aber einmal hingesetzt und den leckeren Duft von Pizza aufgesaugt, wollten wir auch nicht mehr gehen. Zwei Margherita, eine Prosciutto und eine Cipolla, dazu drei Pils und eine Cola. Wir warteten etwa vierzig Minuten auf unser Essen, aber wir erwarteten richtiges Essen, von daher war auch das nur Nebensache. Alle genossen ihr Mahl und wir erlangten alle wieder etwas Farbe in unseren Gesichtern. 84€ zeigte uns die bestellte Rechnung und die Farbe war nur von kurzer Dauer in unseren Gesichtern. Acht Euro das Pils und fünf die Cola, wir wurden seit Beginn des Urlaubs das Gefühl einfach nicht los, dass wir unerwünscht waren. Kaum hatten wir die utopische Rechnung noch mit leichten Hungergefühlen beglichen, forderte uns der Kellner auch schon höflich zur Räumung des Tisches auf. Nach dieser Rechnung hatten wir den Tisch erworben, aber wir beugten uns dem Willen des Kellners.

Die Urlaubskasse, die wir mittlerweile zusammengeschmissen und eingeteilt hatten, war bedrohlich klein geworden und da wir ja bekanntlich nicht auf das Schicksal rumänischer Bärenkinder scharf waren, mussten wir uns nun etwas zusammenreißen, um Deutschland jemals wieder erreichen zu können. Aber die Frage, wie nach Hause, wollten wir erst am nächsten Tag klären.

Wieder auf der Straße und mit Vitaminen versorgt, machten wir uns auf den Weg zum Green House, einer der bekanntesten Shops weltweit. Im Eingang hingen hinter Glas lauter Fotos und Notizen von Weltstars, die hier schon verkehrten. Britney Spears, Sylvester Stallone, Brad Pitt, George Clooney, Jonny Depp. Cool! Nur wir nicht, da uns der nette und gut deutsch sprechende Türsteher freundlich aber bestimmt mitteilte, dass wenn wir nicht schon Mitglieder sein, wir auch keinerlei Chance hätten, jetzt beitreten zu können und wir somit keinen Einlass bekamen. Enttäuscht aber friedliebend nahmen wir das so hin, schauten uns noch mal alle Persönlichkeiten auf den Bildern an und liefen weiter.

Es war nun schon vollständig dunkel, zumindest hoch am Himmel, in den Gassen selber pulsierte nun mehr als tagsüber das Leben, jegliches einzusehende Fenster wurde von einer Herzdame gefüllt, die sich wild und lasziv im Fenster rekelten und mit Gesten der Hände versuchten, Männer in den Eingang zu lotsen. Anna war das Ganze nicht mehr so recht geheuer. Aber Anna fest an mich gedrückt, gingen wir weiter. Rockery stand auf dem Plan. Nur leider fehlte uns ein solcher und wir irrten wahllos durch die Gegend. Viele Shops hatten jetzt schon geschlossen und das unvorstellbare traf ein, wir mussten nach geöffneten Shops suchen. In Amsterdam!

Angebote bekam man jedoch genug. Aus jeder kleinen Versammlung von Nordafrikanern zischte es: „ Haschisch, Koks, LSD, Speed?!?!" Penetrant wurden diese, als die Anna ausmachten und wahrscheinlich in ihr den kommenden Star der Szene sahen. Anna bekam es langsam mit der Panik, während wir es noch recht amüsant fanden. Mit späterer Stunde wurden die Sprüche aber auch zunehmend abwertender und einzelne Gestalten folgten uns schon durch mehrere Gassen und Wege.

Als wir endlich wieder an einem noch geöffneten Shop ankamen, rannten wir fast hinein. Wir deckten uns noch mal mit Fertigjoints und 3 Gramm Gras ein, K2 und saßen uns kurz hin, um den weiteren Verlauf des Abends zu besprechen. Anna hatte keine Ambitionen mehr, weiter durch die dunklen Gassen zu tigern, ich konnte mir auch besseres, stressfreieres auf dem Zimmer vorstellen. Meyer und Ketter waren vom Rotlichtcharme Amsterdams angetan und wollten unbedingt noch weiter durch die Gassen ziehen. Wir beschlossen, uns hier zu trennen. Die Urlaubskasse wurde noch mal zusammengerechnet, ein Teil den Jungs als Vergnügungsflocken ausgezahlt und Anna und ich machten uns, mit reichlich sinnesbetäubenden Mitteln ausgestattet, auf den Weg in unser Hotel. Dort angekommen nutzten wir nochmals ausgiebigst die Dusche und chillten uns, dick eingemummelt auf die Terrasse. Unglaublich, aber jedes zweite Wesen auf Stöckels war ein Mann, bzw. wäre ein Mann gewesen. Wir tranken das letzte übriggebliebene Tetra Pack Weißwein und machten es uns nach einer Stunde auf der Terrasse im Bett gemütlich, bewegt, belustigt und absolut fertig von den ganzen Höhepunkten des Tages. Oder besser: erschöpft von den Tiefschlägen, die die Höhepunkte jagten.

Von den Jungs hörten wir an diesem Abend nichts mehr.

VII.

Böses Erwachen

Genau um sieben Uhr, aber nicht durch das Dröhnen des Weckers, sondern durch die Zurufe von der Straße unten, wurden Anna und ich wach. Zurufe? wer kennt uns denn hier?? Mit einem Auge noch im Tiefschlaf, das andere tierisch geblendet von den vorhangfreien, sonnenstrahlen-durchlaserten Fenstern, robbte ich ans Kopfende des Bettes. Natürlich vergaß ich nicht, Anna mit einem zärtlich, kräftigen Stoß mit meinem linken Knie an ihren zarten Kopf zu wecken. Am Fenster angekommen, musste ich noch erst das äußerst komplizierte System des Fensterverschlusses verstehen und bändigen. Die Rufe wurden immer lauter, energischer und verzweifelter, dann auch mehrstimmig. Es klang irgendwie nach Meyer, aber hysterischer. Das Fenster geöffnet, die ersten frischen Sauerstoffstöße zu uns genommen, hangelten wir uns noch völlig schlaftrunken durchs Fenster. Leider war der Vorsprung des Daches so weit, dass ich fast schwindelig von der massiven Höhe von drei Stockwerken zurück ins Bett sank.

Mit zusammen zwei geöffneten Augen von vier, sahen wir unten am Straßenrand, romantisch am Ufer der Gracht, Meyer und Ketter sitzen. Aber sie wirkten weder entspannt noch ausgeschlafen, vielmehr gestresster als in den letzten fünf Tagen zusammen. Meyer hatte eine hochrote Melone und Ketter sah aus, als würde er seinen Schmerz weglachen wollen.

„Tobi, Anna, Toobiiii, Aaannaaa!!", Meyers Kopf war kurz vor der Explosion.

„Man, wat is denn?? Zahl doch schon mal die ersten Stunden auf der Scheißuhr!". Anna und ich kamen uns in etwa wie Pauschalurlauber am Ballermann vor, die sich morgens nach der eben erst durchlebten Diskonacht schon emsig mit dem nächsten Balkon sieben Etagen höher für den nächsten Diskorausch verabredeten. Es war uns etwas unangenehm dem voreingenommenen Niederländern gegenüber, aber das ist halt Deutsch.

„Das ist ja das Problem! Lass uns erstmal kurz hoch." schrie Meyer.

„Bist du auf den Kopf gefallen? Was meinst du, was wir anhaben? Was ist denn los, man??", ich wusste nicht, was die Stoßrichtung der Diskussion war und was der Stress am Morgen sollte.

„Scheiße ist passiert!", Meyer wollte partout einfach nicht präziser werden.

„Deswegen sind wir hier, Junge!", war meine Antwort. „Warte, gib uns fünf Minuten!"

Ein paar Augenblicke später standen schon Meyer und Ketter, mit dampfendem Horn, in unserer Zimmertür. Wir fragten, was passiert sei bzw. was eigentlich los ist. Wir haben den Autoschlüssel verloren!

Womit habe ich das Alles eigentlich verdient, fragte ich mich innerlich. Was habe ich denn getan? Wie kann ich meinen Autoschlüssel verlieren? Anna musste schlagartig loslachen, die Nerven waren aufgebraucht und irreparable zerstört.

„Was habt ihr denn krasses getrieben?", war meine direkte Frage.

Beide beteuerten uns inständig, sich weder ihrer Hosen letzte Nacht entledigt, noch irgendetwas anderes in dieser Richtung unternommen zu haben. Ketter erzählte, dass sie nach unserer Trennung schnur stracks zum nächsten Coffee Shop geschlendert seien, dort sich ordentlich Gras gekauft und vernichtet haben und dann ihren Streifzug durchs Rotlicht begonnen hätten. Beide konnten sich daran erinnern, nach etlicher Zeit auf breiten Straßen in einer Seitengasse gelandet zu sein, wo die leichten Mädels schon nur noch ein Drittel der Preise der Hauptstraßen verlangt hätten. Im Nachhinein realisierte Ketter während des Erzählens, dass es wohlmöglich daran, lag, dass diese Mädels augenscheinlich afrikanische Verwandte in der Ahnentafel hatten und meist wohl auch mit großer Wahrscheinlichkeit gute Köche kannten oder diese ihre Familienmitglieder nannten, denn an gutem Essen kann es den Damen nicht gemangelt haben. Da diese Mädels weniger ausgelastet waren, bezeugt auch durch ihre Fitness, hatten sie auch ordentlich Kraft und zogen wohl vehement und entschlossen an den beiden Halbstarken. Meyer fand das der Erzählung nach lästig und beängstigend, Ketter mit breitem Grinsen erzählend eher köstlich amüsant und herrlich.

Aus dieser Gasse befreit stürzten sie schon in die Nächste. Dort war der angebotene Stundenpreis der Damen noch eine ganze Etage tiefer, was aber gleichzeitig auch auf deren zierliche Stimmen zutraf. Das hatte beide nachträglich geschockt und das Grinsen von Ketter war an dieser Stelle auch eher dem zerknirschten Gesicht, eines in eine Zitrone beißenden Süßfreaks gewichen. Auch diese zerrten nach Meyers Aussage an ihnen wie an SSV-Produkten und nur mit großer Mühe konnten sie dieser dunklen Gasse entfliehen. Ein wenig orientierungslos, aber weitere Gassen meidend, irrten sie weiter durchs nächtliche Amsterdam, nur noch auf der Suche nach der rettenden Insel ,,Hotel Nes".

Geschätzte 473 rot beleuchtete Schaufenster, 36 Blocks, 372908 Urlauber aller Nationalitäten, knapp 4 Stunden und 211 ,,Psst, Koks" und ,,Psst,LSD" später kamen sie, jeglicher Hoffnung beraubt und zum Sterben und vergewaltigt werden bereit, per Zufall um halb sieben an unserer Residenz aus. Darüber absolut begeistert und voller Tatendrang gingen sie nur kurz aufs Zimmer, um direkt die Parkuhr zu füttern, uns zu wecken und den Tag zu starten.

Pustekuchen. Beim Vorhaben, die Parkuhr zu füttern, ist es dann geblieben. Denn wie sie feststellten, hatten die beiden gar keinen müden Cent mehr und da die Stunde parken in der Amsterdamer Innenstadt köstlich verständliche vier Euro die Stunde kostet, mussten sie erst an den Wagen, um den Not Zwanni von Meyer an den Apparat verfüttern zu können. Und an diesem Punkt kam die süße Überraschung, für ein Schloss braucht man in den allermeisten Fällen doch wirklich einen passenden Schlüssel. Auch Meyer!

Von dieser Geschichte selber total aufgelöst und niedergeschmettert sanken beide zu allererst auf unser Bett, fertig mit der Welt und nahe der Aufgabe ihres Verstandes.

Anna und ich mussten tief durchatmen. Was nun!? Schlafen wir etwa noch oder sind es die Auswirkungen des gestrigen Abends?

„Wir haben auch keine Kohle mehr", Ketter krempelte unschuldig dabei seine Hosentaschen nach außen. Nach einer Krisensitzung und einem erneutem Zählen unserer noch verfügbaren Urlaubsbörse stand fest: mit 110€ macht man keine großen Sprünge mehr in Amsterdam!

Das Zimmertelefon läutete. Der nette Rezeptionist war wieder in der Hörmuschel und wollte uns nur auf die drakonischen Strafen auf Falschparken näher hinweisen. Wir verstanden aber und Ketter huschte mit 20€ zur Parkuhr. Noch 90€. Meyer hatte sich schon wieder Annas Handy unter den Nagel gerissen und hangelte sich, auf diesem schon wählend, auf unsere traumhafte Terrasse. Der ADAC fährt im Callcenter 24 Stunden Schichten, soviel stand fest, als Meyer mit einem Schmunzeln im Gesicht den Gesprächspartner wie einen alten Bekannten begrüßte: „Ja, wir wieder, das Chaosquartett, guten Morgen!" Der ADAC-Johnny, der uns seit nunmehr fast seiner gesamten Schicht betreute, wirkte wohl wenig überrascht, wohl mehr erfreut als genervt.

„Wir brauchen wieder den holländischen Pannendienst", Meyer traute sich kaum, dass mitteilen zu müssen. Er schilderte die neue Situation und erwähnte auch, dass wir ab zehn Uhr zudem auch noch obdachlos wären. Als er wieder aufgelegt hatte, gab er uns die Infos weiter, dass der ADAC-Mensch unseren Hilfeschrei weitergeleitet habe und wir schon mal unsere Sachen in der Lobby des Hotels platzieren sollten, da wir nicht gesagt bekommen konnten, wann der falsche niederländische Engel eintreffen würde. Um neun standen wir parat, frisch geduscht, fertig gepackt und voller Erwartungen auf den Pannendienst wartend. Wir konnten es einfach noch immer nicht fassen und suchten noch immer akribisch unter jedem Pflasterstein, hinter jedem Wildkrautbusch und am Ufer der näheren Umgebung nach dem Schatz, dem Autoschlüssel. Ohne Erfolg. Kurz vor der Resignation steckte Meyer aus Wut den Hotelschlüssel seines Zimmers in das Kofferraumschloss. Es entriegelte. Wir trauten unseren Ohren nicht, war das etwa ein gutes Geräusch. Der Kofferraumdeckel öffnete sich und durch das hochstehende Heckfenster grinste ein rothaariges Gesicht. Meyer, der Herr der Schlüssel!

Wir konnten alle Türen mit diesem Wunderwerkzeug öffnen und völlig fertig vom nichts tun, aber aufgrund der Ereignisse fielen wir alle auf unsere Sitze. Ein Teilerfolg kann so beflügelnd sein. Leider zündete der Wagen nicht mit diesem Schlüssel, aber das konnte uns nicht wieder runterziehen. Um zehn brachte Ketter den Universalschlüssel zur Rezeption und die Angestellten wünschten uns aufrichtig Glück und schenkten uns Zuversicht. Die schwand aber von Minute zu Minute, da nirgends ein Pannendienst ähnliches Gefährt zu erblicken war. Dafür machte sich Hunger breit. Anna wollte einfach nur noch im Auto bleiben und die Stellung halten. Meyer musste sowieso beim Wagen verharren, falls der Mensch des niederländischen ADAC auftauchen sollte. Also meldeten Ketter und ich uns freiwillig, für kulinarische Hochfreuden zu sorgen. Mit 30€ in den Taschen, der Aufgabe davon so viel wie nur möglich in Essbares zu veredeln und baldigst damit anzutanzen, schritten wir zur Tat.

Unser erstes Ziel: Rockery!

VIII.

Tee zum Frühstück

Wie schon zuvor auf unserer Liste erwähnt, ist das Rockery weniger eine Back- als vielmehr eine Bufffabrik, auch wenn es dort leckere Hasch Brownies und Kekse zu kaufen gab. Die Treppe runter, mit künstlichen, aber hübschen Felsvorsprüngen, Schiefern und echtem Stein dekoriert, sollte es wohl wie eine Grotte oder Höhle wirken. Wir sahen uns kurz um und beschlossen, für den Nahrungsnachschub einen Fertiggedrehten mitnehmen zu wollen. Es musste der XXL-Joint sein, 20cm feinste Drehkunst. Und wir waren acht Euro leichter, eine Portion Frühstück ärmer. Dafür aber auch dichter!

Das schlechte Gewissen der wartenden Meute gegenüber über den Haufen gekifft, gingen wir weiter. Wir hatten das Rotlichtviertel verlassen und waren ab jetzt nur noch auf Nahrung fixiert, als uns aus einer winzigen Seitengasse ein fett grinsender Jamaika-Mann auf einem Neonschild anlächelte. Der meinte uns. Und wir, wir gehorchten.

Mal wieder völlig überwältigt von der Vielzahl der auszuwählenden Cannabis-Produkte und dem herrlich süßen Geruch dieser Oase ausgesetzt, studierten Ketter und ich emsigst die Karte des Glücks und verloren uns zwischen den Seiten. Es war morgen, wir hatten noch keinen Kaffee: Skufftee!

Aufgrund des Preises sahen wir von zwei Tassen ab und bestellten einen Pott für uns beide. 4,50 Euro kostete uns dieses berauschende Vergnügen. Kurz zur Erklärung, Skuff ist ein herrliches Produkt aus den Kristallen der dicken Knospen, die in mühevoller Handarbeit aus diesen geschüttelt und zum Verzehr angeboten werden. In heißem Wasser löst sich Skuff zusammen mit Zucker komplett auf und schmeckt leicht nach Cannabis. Und die waren es auch wert, zumindest für Ketter und mich. Wir gönnten uns in der Wartezeit einen kleinen Peace-Gras Joint für 2,50 Euro. Kaum hatte Ketter diesen entflammt und in dichten, weißen Nebelschwaden in den Amsterdamer Himmel gepustet, stand der Schierlingsbecher auch schon direkt vor unserer Nase. Der wundersame leichte Geruch und Dampf des warmen Cannabis-Erzeugnisses stieg in unsere Nasen, unsere Nüstern wurden weit und wir sanken zufrieden, für diesen Moment aller Probleme erleichtert und befreit, in einer ganz anderen Sphäre schwebend, sahen uns an und waren uns bewusst, dass wir denselben Gedankenzug fuhren: Was ein geiler Urlaub!

Kurz nach diesem Ereignis der geistigen Einigkeit konnten wir uns kaum halten vor Lachen. Wie einfach der Mensch gestrickt ist, selbst in diesem Sodom und Gomorra, 350 Kilometer von zu Hause entfernt, nach einem Urlaub-Totalausfall, nach unglaublichen Erlebnissen und Enttäuschungen, nach stundenlanger Schlüsselsuche, einer Euro-fressenden Zeitmaschine, nur noch ein paar Cent in der Tasche und dem Tod von der Schippe gesprungen bei Tempo 150, für einen Moment glücklich zu sein und Zufriedenheit zu spüren?! Man muss nur die letzten Cents auch noch auf den Kopf hauen, ein Gewissen darf das kurze zufriedene Glück nicht stören.

Nachdem uns unser Dilemma wieder deutlich bewusst wurde, das Glück der Realität gewichen und der Tee ausgetrunken und der Indikator ausgedrückt war, besonnen wir uns, dass wir auf einer Mission waren, die den Namen trug: Nahrung!

Die Buchsen hochgezogen, Sonnenbrillen aufgesetzt, verließen wir die Gasse des Jamaica-Mannes wehmütig und traurig. Zurück auf dem rechten Pfad des Frühstücks beschlossen wir, uns mit den restlichen 5 Euro auf einen Laden für hungrige Konsumenten zu fokussieren. Während ich meine Taschen nach Kippen absuchte und dabei beruhigt den XXL Joint spürte, fühlte ich

Papierartiges in einer Tasche. Wir kamen in den Luxus echtes Glück zu haben. Ich fand einen Fünfziger in einer eingefalteten Hosentasche und unser schwer belastetes Gewissen löste sich abrupt, als wenn nur Daunen drauf gelegen hätten. Ketter und ich spürten einen Ruck von Erleichterung und gestörter Weise auch einen sofort auftauchenden, neuen Jagdblick auf neue Shops mit lustigen Produkten.

Aber diesmal rissen wir uns tapfer zusammen und verloren unseren Fokus nicht. Eine Bäckerei, ein Kaufhaus oder einfaches Geschäft fanden wir aber dennoch nicht. Stattdessen sahen wir nach weiteren 5 Minuten etwas Vertrautes, etwas von zu Hause, etwas was uns Massen an Speichel in den Mund trieb(der dringend benötigt wurde, um sprechen zu können). Ein großer, geschwungener und goldiger Buchstabe tauchte am trostlosen Horizont auf, so goldig wie die göttlichen Erzeugnisse, die von Abermillionen Konsumenten, von Süchtigen tagtäglich durch die einladenden Lokaltüren in die freie, hungrige Welt hinausgetragen werden, der Buchstabe so goldig wie perfekt zubereitete Fritten: McDonalds!

Kurz die Karte überschaut- in Karten studieren machte uns keiner mehr etwas vor- hatten wir unsere Massenbestellung zusammengestellt. Sechs Cheeseburger, zwei Hamburger, ein McKrokett, dreimal

Sechser-Nuggets, zwei BigMac's und zwei große Portionen Pommes. Auch wenn es jetzt etwas verwundert, aber wir bestellten alles zum Mitnehmen. 30,10 Euro. Unser restliches Geld bis wir zu Hause sind, 24,90 Euro hier und 60 Euro bei Meyer und Anna, summa summarum 84,90 Euro für vier Personen und 350 Kilometer. Uns erst nach dem Bezahlen über die nun wieder stark geschmälerte Urlaubskasse bewusst, suchten wir zügig den Weg zu unseren Mitgefangenen zurück. Denn der Duft der beiden prall gefüllten Tüten der Burgerschmiede war äußerst verlockend. Nach etlichen fünf gelaufenen Minuten sahen wir auf dem gegenüberliegenden Gracht Ufer unser Höllenmobil mit den wartenden, frustrierten und nicht annähernd so dichten Gestalten Anna und Meyer.

Meyer konnte kaum sein Temperament in Zaun halten, als er uns über die Brücke schlendern sah und man konnte von weitem nur schwer erkennen, ob wir seinen rothaarigen Hinterkopf sahen oder ob wir direkt in sein feuerrot geladenes Gesicht schauten. Es war sein Gesicht, dies verrieten nach weiteren Schritten seine gut erkennbaren, weit aufgerissenen Augen und der weiße Schaum, den er beim Schreien in die wunderschöne Gracht schleuderte. Meyer war außer sich vor endlosen Minuten des Wartens, bei Anna konnte man keinen Vitalzustand augenscheinlich feststellen, sie saß nur völlig designiert und in sich gekehrt auf dem

Beifahrersitz und hoffte inständig, endlich aufzuwachen. Aber sie war noch unter uns.

Während wir uns über das für uns anschauliche, für bewusste Ernährer abscheuliche, Mahl hermachten und uns alle zufrieden fühlten, kamen immer wieder Grüppchen von skurrilen, normalen, sonderbaren und unscheinbaren Leuten und Touristen an uns vorbei und versuchten mit einem flüchtigen Blick über unser Vehikel mitsamt uns vier Personen innen zu analysieren, was wir hier trieben und wieso wir es hier trieben, vor dem Eingang eines ansehnlichen Hotels. Doch uns störte der Umstand der Ausgesetzten nicht weiter, wir hatten nur eines im Kopf:

Hunger stillen!

Uns riss nur eines aus unserer Futtergier, das nervige Klicken der Abgelaufenen Parkuhr und die Aufforderung, diese weiter mit unserer Kohle vollzustopfen. Dieser Aufforderung kamen wir als pflichtbewusste und aufrichtige deutsche Touristen nach und drückten weitere zehn Euro durch den Schlitz des Teufels. Kaum war das fünfte und letzte Zwei-Euro-Stück in dem Kasten verschwunden, bog ein orange weißes Abschleppfahrzeug auf unsere kleine Straße und gab uns mit Lichthupe und winken zu verstehen, dass dies wohl unser barmherziger Retter sein würde. Kurzerhand den gesamten Verkehr unserer Strasse lahmgelegt, erklärten wir dem Helfer unsere Situation, sahen aber davon ab, die Vorgeschichte vor dem Schlüsselverlust genau zu erläutern und uns als glückliche Amsterdam Touristen auszugeben.

Von der Kurzfassung unserer Tripbeschreibung dennoch reichlich erheitert, machte sich unser falscher Engel daran, den Typ des Zündschlosses zu definieren und daraufhin eine Lösung zu finden. Die Lösung stellte sich als nicht weiter kompliziert heraus. Nach der kurzen, rhetorischen aber informativen Frage, ob Meyer damit einverstanden sei, dass das Schloss zerstört werden würde, machte er sich schon ans Werk. Manchmal muss man etwas investieren, um weiterzukommen. In unserem Fall waren es dreißig Euro für die Parkuhr und sieben Stunden Wartezeit, um nach effektiven, aufgerundeten fünf Minuten Arbeit ein neues, provisorisches Schloss unterm Lenkrad baumeln zu haben. Besser gefiel uns nur noch der Preis, den wir für den Aufwand des Engels zu entrichten hatten, null Euro. Dank Meyers spießigem, vor Reiseantritt abgeschlossenen ADAC-PLUS-Mitgliedschaft, waren nicht nur die Übernachtung im Hotel für alle vier Personen, nicht nur die Parkuhrgebühren im Nachhinein, nicht nur der Abschleppservice von der Autobahn zur Werkstatt, nicht nur Annas dreistellige Handyrechnung komplett für lau, sondern auch die mühelose Zerstörung von Meyers Schloss und das Provisorium für die Zündanlage wurden komplett vom ADAC getragen. Die provisorische Zündeinheit ließ sich mit einem kleinen, sehr kleinen, zum Verlieren verdammt kleinen Stift starten, ähnlich eines Schlitzschraubenzieher. Im Endeffekt hieß das, das wir weder den Wagen von außen verschließen konnten noch den Kadett offen stehen lassen konnten, da im Prinzip Jedermann vorbeikommen, sich hineinsetzen und von dannen fahren könnte. Das einer das Risiko auf sich nimmt, um einen '86er Opel Kadett Kombi mit etwa 80PS zu klauen, war zugegebener Weise etwas utopisch und panisch, aber wir waren gebranntmarkte Kinder, wir hatten bis hierher schon Pferde kotzen sehen. Da wir in den letzten Minuten, als uns Meyers Auto noch vertrauenswürdig über den niederländischen Highway bewegte und plötzlich in die Hölle schicken wollte, nicht mehr auf die Tanknadel geachtet hatten, befürchteten wir den nächsten „worth case". Ohne Grund!

Nachdem wir das hoffnungsvolle und rhythmisch wundervolle Klackern des Anlassers hörten und der Motor sich unter leichten unruhigen Bewegungen in Gang setzte, schnellte die Tanknadel quer nach oben und zeigte ¾ voll an. Ein tiefes Durchatmen zischte durch das Wageninnere und Erleichterung ließ uns zurücksinken.

„Als wir Alk geholt haben beim Campen, hab ich getankt", wenigstens einer von uns, der keine Nicht-Denk-Pause im Urlaub genommen hatte.

Tiefe Erleichterung fuhr durch uns, ganz besonders tiefe durch Ketter und mich. Sehr tiefe Erleichterung. Unangenehm tiefe Erleichterung. Der Tee wirkte!

Ich drehte mich langsam, ganz auf meine Sicherheit bedacht und auf meinen reichlichen Mageninhalt konzentriert, zu Ketter um und war geschockt, als ich ihn nicht auf Anhieb hinter mir sah. Vollkommen fahl, grau bleich mit riesigen Augenringen, Schweiß auf der Stirn stehend und mit roten Adern durchzogenen Augen, durch die ich ihn erst auf dem grauen Polster ausmachen konnte, kauerte Ketter völlig in sich gefallen und abstinent auf der Rücksitzbank zu Annas Linken. Ein Häufchen Elend, ein Schatten seiner selbst. Seinem hilflosen Blick und Unterkieferzittern konnte ich entnehmen, dass es ihm mies ging. Wer dies selbst schon erlebt hat, weiß was kam.

Keinen Augenblick später zog sein Sog der Überdichtheit auch mich mit runter. Ich fühlte mich schlagartig in Panik versetzt, mir wurde bei 24 Grad eiskalt und der Schweiß auf meiner Stirn fühlte sich an, als wollte er langsam gefrieren. Mein Mageninhalt bewegte sich wie ein Ziegelstein in meinem Bauch und ich konnte meinen Puls laut und deutlich pochen hören. Laut und deutlich. So laut und deutlich, dass ich Meyers Frage nach meinem Wohlbefinden nicht wahrnahm. Nach der dritten Wiederholung kam ich wieder etwas klar und konnte wenigstens auf die mehrfach gestellte Frage antworten: ,, Beschissen!" ,,End!", stöhnte Ketter dazu.

Dass dies zur Belustigung von den zuvor zurückgelassenen Anwesenden führte, brauche ich im Prinzip nicht zu erwähnen, hierzu wurden uns Arien von Sprichwörtern à la selber Schuld hinuntergesungen. Ketter und ich hatten alle Mühe, die Stimmung nicht mit einem dezenten Bäuerchen zu durchbrechen und ließen alles über uns ergehen, aber nichts über die beiden anderen. Nach einer viertel Stunde des Drehen und Wendens kam unser Blutdruck wieder in Fahrt, wir fingen uns, tranken etwas Wasser, stellten fest, trotz des Komas immer noch angenehm dicht zu sein und schmockten zur Beruhigung noch eine Sportzigarette auf den Schock.

IX.

Der Belgier

Alles verarbeitet und wieder auf dem Damm machten wir uns an die Arbeit, die bis dahin wahllos in das Auto geworfenen Sachen und Klamotten abfahrbereit und übersichtlich zu sortieren. Da wir aber vier Mann- drei Mann und eine Frau- waren und zum Stapeln der Klamotten nicht zwingend vier tatkräftige Personen mit acht Händen benötigt wurden -abgesehen von der Tatsache, dass wir stolze Besitzer von immerhin 74,90 Euro waren und nur noch maximal sechzig Euro zum nachtanken benötigten- trafen wir entgegen den Meinungen von Anna und Meyer den Entschluss, noch knapp 15 Euro sinnvoll zu investieren und kurzfristig anzulegen, ohne Chance auf Rendite oder Profit, wirtschaftlich katastrophal aber mit enormen Effekt. Mit der absoluten Gewissheit, geplättet zu werden. Das Etablissement war auch schnell und bestimmt festgelegt: Rockery!

Auf den Weg machten sich diesmal Anna und ich, das Rockery fest im Blick. Während des Fußmarschs machten wir uns Gedanken, in was wir investieren wollten. Peace, Gras, Skuff, Fertigjoint, etwas von allem oder doch nur ein Skuff Tee für uns. Die Qual der Wahl und wieder ich dabei.

Im Shop angekommen und wieder an den herrlichen Nachmittag des Vortages erinnert, so dicht sein zu können, dass jede Bewegung unmöglich scheint und der Tatsache sicher, dass niemand zu Hause von unseren Freunden, der nicht persönlich in Amsterdam war, diese Erfahrung wird machen können, entschlossen wir uns, Kazaam nach Deutschland mitzunehmen. Noch einmal die reichliche Auslage des Rockery bewundert, kauften wir für 15 Euro knapp unter einem Gramm Kazaam ein und gingen direkten Weges zu den wartenden Jungs zurück.

Währenddessen hatten sich Ketter und Meyer schon wieder mit dem ADAC in Deutschland in Verbindung gesetzt. Die neue Info lautete, die Reparatur würde erst am folgenden Tag durchgeführt werden, da das benötigte Teil noch nicht in der Werkstatt eingetroffen sei.

Von dem freundlichen Rezeptionist informiert, dass unsere Zimmer für eine Übernachtung nicht noch einmal zur Verfügung ständen, war ein neues Hotel zu suchen und alles noch Zählbare in Gebührenautomaten zu versenken keine Option für uns. Der neue Plan stand, alles Vertrauen in Meyers Können, Feingefühl und seine rechte Hand, wir fahren mit Handbremse 350KM Richtung Heimat!

Wir beschlossen ebenso, weder dem ADAC, der Werkstatt noch einem unserer Eltern von der bevorstehenden Rückfahrt zu erzählen, da es das letzte war, was wir nun brauchten, eine Predigt über Gefahren und Leichtsinn, die uns den Mut nahm, war.

Da wir alle am Vortag nur noch ankommen wollten und keiner mehr auf irgendeinen Weg mehr geachtet hatte, irrten wir die erste Stunde quer durch Amsterdam, immer wieder von der Vielfalt der verschiedenen Shops aus der Konzentration gerissen, welcher Weg unser Ziel war. Über einer Stunde später, nachdem wir die Rückfahrt als Himmelfahrtskommando beschlossen hatten, waren wir auf der Autobahn. Ich saß als Navigator auf dem Beifahrersitz, Anna und Ketter schliefen hinten, sobald wir auf der Autobahn waren. Wir fuhren schön gemütlich und ohne Eile auf der rechten Spur, mit überschaubaren 80km/h. Nachdem wir rund 90 Minuten unterwegs waren, stellte sich nach Erwachen der hinteren Fahrgäste die Frage nach einer Pause zum Austreten. Wir fuhren die nächste große Raststelle an und jeder musste seinem Bedürfnis nachgehen. Anna und Meyer zur Toilette, Ketter und ich buffen. Anna und Meyer waren noch schnell in die

Tankstelle gesprungen und hatten sechs Bifis für schlappe 12 Euro abgesahnt. 48 Euro Restbudget!

Wir waren noch nicht von dem Rastplatz runter, gerade bei etwa 40km/h, da riss Meyer die Handbremse nach oben und der alte Kadett blieb kurz quietschend, leicht versetzt, vehement stehen.

„Fuck! Fuck, fuck, fuck!"

Das klang nicht gut und irgendwie, durch Negatives geprägt, fragten wir drei Mitfahrer gleichzeitig:

„Was ist jetzt, Meyer!?"

Meyer hat die Augen weit aufgerissen tickte mit einem lautem Klopfen mit seinem Zeigefinger gegen die Tanknadel. Wir beugten uns alle so, dass wir die Armaturentafel sehen konnten und registrierten alle gleichzeitig, dass die Tanknadel es nicht mehr aus eigener Kraft schaffte, den vernichtend roten Bereich zu verlassen. Ketter lachte nach dem ersten Schock und sagte, dass wir jetzt ja mal wirklich Glück im Unglück hätten, denn wo wäre es besser, keinen Sprit zu haben, als an einer Tankstelle. Gut, dass Meyer und Anna nicht 30 Bifis gekauft hatten, dann hätten wir nicht einmal mehr tanken können.

Meyer setzte zurück und fuhr geschmeidig an eine freie Säule. Kaum ausgestiegen, den Deckel aufgeklappt und den Tank Hahn in die Hand genommen, steckte Meyer den Hahn wieder wutentbrannt zurück in die Säule und schmiss sich selbst ins Auto. Die Hände vor sein Gesicht gehalten hörten wir von ihm nur, dass das Alles doch nicht wahr sein könne und er den Glauben verloren hat, jemals zurück nach Krefeld zu kommen.

Der Schlüssel, den Ketter und Meyer in der Nacht zuvor irgendwo in Amsterdam verloren, verlegt oder verpfändet hatten, war von Nöten, um den Tankstutzen zu lösen. Wir blieben etwa 5 Minuten unverrichteter Dinge an der Zapfsäule stehen rollten dann entsetzt auf den hinter der Tankstelle gelegenen Parkplatz. Meyer versuchte wutentbrannt den Stutzen mit dem Schlüssel für das Not Zündschloss zu öffnen, laut fluchend, die Blicke auf uns ziehend, vergeblich. Anscheinend hatten wir mit unserer misslichen Lage und Meyers Brüllen etwas mehr auf uns aufmerksam gemacht.

Der dicke Pick-Up, der an der Säule hinter uns stand, rollte vier freie Parkbuchten entfernt links neben uns. Wir sahen zwei massige Schuhe unter dem Fahrzeugboden auf die Erde treten, währenddessen hob sich das massive Fahrzeug etwas auf der Fahrerseite. Das Nummernschild war klein mit roten Buchstaben und Nummern, ein Belgier. Hinter dem Führerhaus kam ein mindestens 1,90m großer, breiter, kahlköpfiger und ernst aussehender Mann in blauer Arbeitshose und weißem T-Shirt hervor. Die freien Unterarme tätowiert, schwarz ohne Farbe, nur Outlines, wie selbst unter die Haut gehämmert hinter belgischen Gardinen.

Er ging mit schweren Schritten zu seiner Ladefläche und hob mit einem Ruck ein monströs wirkende, akkubetriebene Hilti runter. Mit seinem linken Zeigefinger zeigte er auf unseren Tankdeckel. Wir stiegen aus und stellten uns vor, sein Name nannte der Hüne nicht. Das zeigte uns, dass er keine neuen Freunde suchte, sondern nur kurz anpacken wollte um schnell wieder auf die Bahn zu können. Wir sahen davon ab, ihm von unserem Trip zu erzählen, er wollte auch gar nicht wissen, wieso wir den Stutzen nicht abbekamen, ich glaube, er wartete schon lange, um mal sein Highclass Gerät präsentieren zu können und wollte jetzt nur noch Taten sprechen lassen. Meyer hatte noch erst Bedenken wegen der Maschine an einem Tank, mit den Dämpfen, dem Sprit und der Gefahr, aber der Herr sah nicht aus, als würde er sich überhaupt in seinem Leben Gedanken um seine Gesundheit machen zu müssen, also entfernten wir uns langsam, rückwärts, gleichzeitig von Meyers Kadett bis wir etwa 10 Meter zwischen uns und dem explosiven Gespann Opel, Fremder und Hilti hatten.

Es dauerte keine Kippenlänge, die sich jeder von uns auf diese Spannung verantwortungsbewusst angesteckt hatte, während gleichzeitig ein Tank mit roher Gewalt etwa in Spuckweite geöffnet wurde. Mit einem Ruck versank beinahe der gesamte Bohkopf im Füllrohr des Tanks und der Stutzen wurde von dem Mann rausgerissen und in der gleichen Bewegung ins anliegende Feld geschleudert.

Wir waren zu baff, um uns zu bedanken, der Fremde grinste nur, anscheinend mehr als zufrieden mit der Leistung seines Werkzeugs und sich, winkte ab, als wir das kläglich gefüllte Portemonaie hervorholten, warf seine Hilti auf die Ladefläche, hob nochmal kurz die Hand zum Gruß aus seinem Fenster und sauste mit einem ohrenbetäubenden Kickdown Richtung Auffahrt Autobahn. Toller Dogde Ram, cooler Typ. Danke!

Wir standen noch mit ungläubigem Blick auf den freien Plätzen neben dem Kadett, als Meyer schon im Auto saß und diesen rückwärts Richtung Säule rollen lassen wollte.

Wir sahen Meyer an, aber da kam nur noch eins:

„Fuck, ich will nach Hause!", pampig und sämtlicher Nerven erleichtert. Wir stiegen schnell wieder ein, wir befürchteten langsam, dass Meyer jetzt auch ohne uns losfahren würde. Zum Fahren kam es aber nicht. Der Wagen blieb stumm. Wir dachten erst, Meyer war jetzt in eine Art Schockstarre verfallen oder hätte vor lauter Schockmomenten die Nase voll vom Fahren, aber so war es nicht. Meyer stieß sich am Bodenblech ab und durchwühlte hektisch sämtliche Taschen seiner Jeans. Das Suchen wurde hektischer und das Atmen auch. Er stieg aus, schüttelte sich, schüttelte seine Klamotten und fuhr noch einmal hastig mit den Händen durch seine Taschen. Aber er holte nichts raus. Dann der Ausstoß, mit dem wir mittlerweile schon rechneten:

,,Fuck, der Schlüssel ist weg!"

Schocken konnte uns jetzt nichts mehr. Wir im Auto blieben ruhig, schauten unter den Sitzen nach, in unseren Taschen, unter dem Wagen und drumherum, nichts zu finden. Aber Meyer war auf einmal wieder cool. Technisch konnte er schon immer was, heute ist er Mechatroniker, das hat sich vor Zehn Jahren schon angekündigt. Er ging zur Heckklappe, öffnete sie, wühlte einen kurzen Augenblick unter den Taschen im Kofferraum und kam mit einem Lederbeutel voller Bordwerkzeug wieder. Kurz drin herumgekramt, nahm er den kleinen Schlitzschraubenzieher heraus und startete mit diesem, als würde er immer auf diese Weise Autos fahren, den Motor.

Meyer jagte die komplette 48 Euro in den Tank, nachdem er durch logisches Ausschließen der Oktan Angaben auf den Säulen den richtigen Hahn gegriffen hatte und dieses System der Niederländer auf das übelste verfluchte. Wir drei im Wagen hofften inständig, dass es der richtige Sprit war!

X.

Ende ist, wenn es vorbei ist

Nie zuvor hatte sich einer von uns so sehr gewünscht, das DEUTSCHLAND Schild mit seinen kleinen gelben Sternen Freunden zu sehen als wir an diesem Tag. Nie zuvor waren wir so glücklich, dass der Urlaub, nach fünf anstatt zwölf Tagen, endlich vorbei war. Nie zuvor war ein Urlaub so anstrengend!

Wir freuten uns mit Tränen in den Augen, das Schild passieren zu können, die Grenze zu passieren. Wir fühlten uns frei. Ende. Endlich ist der Urlaub zu Ende. Als es auf einmal dicht hinter uns blau flackerte. Ein Schock ging uns Vier durch Mark und Bein. Daran hatten wir nicht mehr gedacht, keinen Gedanken mehr an die Möglichkeit vergeudet:

Was ist, wenn wir an der Grenze von den Niederlanden zu Deutschland kontrolliert werden!? Vier junge Deutsche, allesamt im kaputten Zustand, in einem alten, fragilen, kaputten Fahrzeug, ohne Bremsen. Der Horror nahm kein Ende. Kein Atmen war mehr zu hören und man fühlte fast die Gedanken, die uns durch die Köpfe schossen.

Man kann von Ketter halten, was man möchte. Er ist nicht immer der Schnellste und Hellste, wenn es um Situationen geht. Er kann sich auch nicht immer benehmen und sein Humor ist auch manchmal fragwürdig. Aber in dieser Situation, ganz anders als gewohnt, war Ketter blitzschnell. Es dauerte keine fünf Sekunden, da hatte Ketter den zuletzt von Anna und mir organisierten Fünfzehner Kazaam aus dem hastig aufgerissenen Tütchen in seine rechte Hand verteilt, zusammengepresst und sich in den Rachen geschoben. Dreimal gekaut, die offene Fanta Cassis aus Annas Hand geschnappt, einen großen Schluck Zucker Brause hinterher und Ketter schaute die völlig verdutzte Anna und mich, selbst absolut begeistert von seiner unmenschlich schnellen Auffassungsgabe, mit großen Augen an und sagte:

,,Was ein Roadtrip, geiler Urlaub! Prost Männers!"

Ich fühlte mich in Lammbock versetzt, Ketter tat es dem Kai gleich, einfach runter damit wenn Ärger droht. Während Anna und ich baff waren von Ketters Heldentat, schaute Meyer im Spiegel in die Runde, schmunzelte und meinte nur noch:

,,Wir haben's geschafft, die Polente ist mit Blaulicht von der Bahn runter und weg, das war's. Was ein Trip oder?!"

Für Ketter ging der Trip beim Abbiegen auf die Ausfahrtsspur der Autobahn nochmal richtig los, das Kazaam in seinem Magen wirkte nach vierzig Minuten. Wir beschlossen, ihn als Erstes zu Hause rauszuschmeißen, bevor bei unserer Ankunft Meyers Kadett noch von innen versaut werden würde Auf dem Weg zu ihm fragte ich Ketter an die zehn Mal, was er denn jetzt spüren würde. Keine Reaktion. Ich erwartete eine ähnliche Wirkung wie bei Kai in Lammbock, als er sich den Klumpen ZeroZero in den Rachen stopft. Schwarz Weiß. Alles Schwarz Weiß. Nichts, irgendwie ernüchternd dieses Opfer. Ich meine Ketter und sein Opfer. Er saß nur da und starrte nach draußen, ohne dass seine Augen etwas fixirten. Wir schoben also den kaum ansprechbaren Ketter vor die Haustür seiner Eltern, bauten rechts und links neben ihm seine Taschen als Stütze auf, sodass er wenigstens halbwegs gerade stand, als die Mutter verdutzt die Tür öffnete. Ketter hatte nicht Bescheid gegeben, dass wir frühzeitig zurückkamen, natürlich. Meyer und ich saßen schon wieder vorne im Wagen, winkten kurz aus unseren Fenstern, als die Tür aufging und brausten schnell wieder von dannen. Wir wollten nicht als Zeugen aussagen müssen, wie ihr Sohn innerhalb von nicht einmal einer Woche zum Zombie mutieren konnte. Als nächstes brachten wir Anna zu ihren Eltern. Die Verabschiedung dauerte etwas länger, bevor sie klingelte. Wir hörten beim Wegfahren nur noch die tenorige Stimme von Annas Vater und Meyer legte den ersten Gang ein, trat den Pin durch und wir zischten davon. Danach hörte ich nur noch einmal etwas von Anna, das war, um die Telefonrechnung von 478,57 Euro mit der Zahlung des ADAC abzurechnen. Ihr Vater bestand darauf, verständlich.

Meine Mutter war weniger geschockt, als mehr in ihrer Erwartung bestätigt. Sie machte seit über zwanzig Jahren Yoga, meditierte ebenso lange mehrmals in der Woche und war nicht verblendet oder illusorisch. Sie kannte ja ihren Pappenheimer und hatte sich auf meine Rückkehr eingestellt. Ich mit den Jungs, ein paar Tage alleine unterwegs in Holland, mit Bargeld, unkontrolliert. Sie wollte von der rotäugigen Schattengestalt ihres Sohnes nichts hören bei meiner Ankunft, mein Bruder sagte mir, ich solle besser direkt schlafen gehen und so verzog ich mich widerstandslos in mein Zimmer und schlief so lange aus, bis die meist schlaflosen Nächte kompensiert waren. Meyer hatte Glück, er hatte sturmfrei, als er als Letzter zu Hause eintraf und konnte ohne die Vorstellungen einer Maskerade in sein Zimmer flüchten.

Wir Jungs trafen uns, nachdem wir Nachzüglinge uns 48 Stunden lang am Stück die Schrecken der letzten Tage aus den Gliedern geschlafen hatten, am darauffolgenden

Wochenende wieder. Nie war auch nur einer von uns so dermaßen platt und fertig nach einem Urlaub wie in diesem Jahr. Ketter konnte wieder selbstständig gerade stehen und Farbe hatte sein Gesicht auch wieder, Maikel bereute zutiefst, nicht mit nach Amsterdam gefahren zu sein. Tommi war nicht nachtragend, wieso auch, er war keine 24 Stunden zurück vom Zeltplatz, da gab es eine Reunion mit seiner bis dahin Exfreundin und es hielt schon bis zu diesem Wochenende und fast ein Jahr länger. Außerdem hatte ich, immer noch von meinem Gewissen geplagt, Lukas angestiftet, mit mir nach Venlo zu fahren, um dort fünf fertige Joints zu kaufen. Und natürlich fünf Gramm AK47 für mich. Wir steckten uns alle direkt einen eigenen Fertigen an. Meyer hatte sich binnen kürzester Zeit von unserem treuen Wegbereiter getrennt, da eine Reparatur aufgrund der Folgeschäden, über 350 Kilometer nur mit der Handbremse zu fahren, den materiellen Wert des Vehikels klar überschritt. Der ideologische Wert des Kadett Blitzes war für uns unbezahlbar. Dementsprechend gedachten wir unserem tollen Begleiter im stillen Kreis, ehrenhaft, stilecht mit einer dampfenden Tulpe. Was ein Teil! Der Kadett. Und die Tulpe.

Aber über eines waren wir uns alle einig, ohne auch nur einmal daran zu zweifeln:

Camping in Holland, nie wieder!

Und so stand schon fast ein Jahr vor den nächsten Sommerferien in Stein gemeißelt fest, wo die nächste Reise hingehen sollte. In einem Jahr hieße unser Urlaubsziel:

Belgien, DeHaan! Gemauerte Wände! Internationale Frittur! Tradition!

Und Tommi schmiss den Rechner an.

Nachwort

Dieses Buch basiert auf einer wahren Begebenheit.

Wir waren jung, hatten kein Geld und wollten dafür den maximalen Spaß.

Die Namen der handelnden Figuren wurden verändert, da wir alle mittlerweile seriösen Berufen nachgehen. Wir sind Lehrer, Mechatroniker, Bauleiter, Beamter, Angestellter und Selbstständiger geworden. Ja gut, nicht durch die Bank seriös, aber stets bemüht, so zu wirken.

Die Art und Weise, Urlaub zu machen, die immense Zufuhr von THC und die Ernährungsweise waren völlig unzivilisiert und unsere Eltern hätten keinen Einzigen von uns fahren lassen, hätten sie davon vorweg Wind bekommen, geschweige denn die Finanzierung dieses Höllenritts übernommen. Daran kann man und sollte man sich auch kein Vorbild nehmen.

Unseren Eltern erzählt haben wir bis heute nur einen kleinen Teil unserer Pannen und Lösungen, wir wären allesamt als unzurechnungsfähig eingewiesen worden, wenn wir die gesamte Bandbreite selbstverständlich wiedergegeben hätten. Unsere Eltern mahnten uns immer: Kiffen macht antriebslos, blöd verpeilt, faul. Kiffen würde vor allem gleichgültig machen. Uns doch egal! Jedenfalls als Heranwachsender.

Maikel, Tommi, Meyer und ich sehen uns noch immer regelmäßig, über Zehn Jahre später.

Und Lachen müssen wir heute noch lautstark, wenn wir uns an unseren Trip zurückerinnern, jeder seine Sicht der Dinge wild gestikulierend erzählt und dem ein oder anderen wieder Momente, Gesprochenes oder Details ins Gedächtnis kommen, die er längst vergessen oder bewusst verdrängt hatte. Allerdings können wir heute die Mengen an Gras nicht mehr nachvollziehen, noch viel weniger, wie wir noch im Stande sein konnten, die Hindernisse, Komplikationen, Verluste und Probleme zu lösen respektive jemals an den geplanten Orten tatsächlich angekommen zu sein. Das ist dann wohl Talent, aber zugegebener Weise, ein äußerst fragwürdiges. Bereuen tun wir die Fahrt bis heute nicht!

Den Konsum haben wir sehr gut in den Griff bekommen, wir haben keine bleibenden Schäden davongetragen, zumindest fallen uns diese nicht gegenseitig auf.

Vor allem wollten wir mit rund 18, 19, 20 spontan sein, etwas erleben, verrückt und unberechenbar sein. Das konnten wir und waren wir. Bestimmt war ich ein Arschloch Sohn in dieser Zeit und würde mich selber, Stand heute als Kinderloser, aber mit dem Wissen und der Erfahrung eines Erziehers, nicht ausstehen können. Aber meine Mutter hielt zu mir, glaubte an mich, liebte mich, obwohl das hier Geschriebene nur die Spitze des Eisbergs ist. Für diese Geduld, für diese Kraft, die meine Mutter mir dadurch gab und bis heute gegeben hat, bin ich ihr zutiefst dankbar!

Die Generation, die heute schon ihr Abi mit 17 hat und sich direkt durch den Wegfall von Zivildienst oder Wehrdienst, der mir ein paar Jahre nach diesem Urlaub bestimmt nicht geschadet hat, weiterbilden muss, damit der Lebenslauf bei Abschluss des Studiums / Ausbildung mit rund 21 nicht lückenhaft ist, tut mir leid. Da ist die nächste Generation "Burn Out" vorprogrammiert. Wo bleibt da die Entwicklung des Individuums, wo bleibt da die persönliche Entfaltung und die Suche nach Persönlichkeit. Wie kann ein 17 Jähriger wissen, wer er ist und was er als Erwachsener sein will, ohne Grenzen zu testen, Dummheiten zu machen, für die man die Verantwortung übernehmen muss? Diese Generation beginnt glaube ich schon bei dem ersten alleinigen Urlaub ohne Eletern mit einer Pauschalreise, Mallorca, Ibiza, Lloret. Läuft!

Damals war unser Motto: Carpe Diem!

Heute heißt es: YOLO!

Und das taten wir.

Herstellung und Verlag:
BoD - Books on Demand, Norderstedt
ISBN 978-3-7386-2863-0